中国思想通俗讲话

钱穆 著

长江出版传媒 长江文艺出版社

图书在版编目（CIP）数据

中国思想通俗讲话 / 钱穆著. -- 武汉：长江文艺
出版社，2024.3
　（钱穆作品）
　ISBN 978-7-5702-3421-9

　Ⅰ．①中… Ⅱ．①钱… Ⅲ．①思想史－中国－文集
Ⅳ．①B2-53

　中国国家版本馆 CIP 数据核字(2024)第 028667 号

中国思想通俗讲话
ZHONGGUO SIXIANG TONGSU JIANGHUA

责任编辑：杨　阳　　　　　　　　责任校对：毛季慧
封面设计：胡冰倩　　　　　　　　责任印制：邱　莉　胡丽平

出版：长江出版传媒　｜　长江文艺出版社
地址：武汉市雄楚大街 268 号　　　邮编：430070
发行：长江文艺出版社
http://www.cjlap.com
印刷：武汉中科兴业印务有限公司

开本：640 毫米×970 毫米　　　1/16　　印张：8.25
版次：2024 年 3 月第 1 版　　　2024 年 3 月第 1 次印刷
字数：88 千字

定价：32.00 元

《钱穆作品精萃》序

　　钱穆先生身处中国近代的动荡时局，于西风东渐之际，毅然承担起宣扬中华文化的重任，冀望唤醒民族之灵魂。他以史为轴，广涉群经子学，开辟以史入经的崭新思路，其学术成就直接反映了中国近代学术史之变迁，展现出中华传统文化的辉煌与不朽，并撑起了中华学术与思想文化的一方天地，成就斐然。

　　三民书局与先生以书结缘，不遗余力地保存先生珍贵的学术思想，希冀能为传扬先生著作，以及承续传统文化略尽绵薄。

　　自一九六九年十一月迄于一九九一年十二月，二十多年间，三民书局总共出版了钱穆先生长达六十余年（一九二三至一九八九年）之经典著作共三十九种四十册。兹序列书目及本局初版日期如下：

　　中国文化丛谈（一九六九年十一月）

　　中国史学名著（一九七三年二月）

　　文化与教育（一九七六年二月）

　　中国学术思想史论丛（一）（一九七六年六月）

　　国史新论（一九七六年八月）

中国历代政治得失（一九七六年八月）

中国历史精神（一九七六年十二月）

中国学术思想史论丛（二）（一九七七年二月）

世界局势与中国文化（一九七七年五月）

中国学术思想史论丛（三）（一九七七年七月）

中国学术思想史论丛（四）（一九七八年一月）

黄帝（一九七八年四月）

两汉经学今古文平议（一九七八年七月）

中国学术思想史论丛（五）（一九七八年七月）

中国学术思想史论丛（六）（一九七八年十一月）

中国学术思想史论丛（七）（一九七九年七月）

历史与文化论丛（一九七九年八月）

中国学术思想史论丛（八）（一九八〇年三月）

湖上闲思录（一九八〇年九月）

人生十论（一九八二年七月）

古史地理论丛（一九八二年七月）

八十忆双亲·师友杂忆（合刊）（一九八三年一月）

宋代理学三书随劄（一九八三年十月）

中国文学论丛（一九八三年十月）

现代中国学术论衡（一九八四年十二月）

秦汉史（一九八五年一月）

中华文化十二讲（一九八五年十一月）

庄子纂笺（一九八五年十一月）

朱子学提纲（一九八六年一月）

先秦诸子系年（一九八六年二月）

孔子传（一九八七年七月）

晚学盲言（上）（下）（一九八七年八月）

中国历史研究法（一九八八年一月）

论语新解（一九八八年四月）

中国史学发微（一九八九年三月）

新亚遗铎（一九八九年九月）

民族与文化（一九八九年十二月）

中国思想通俗讲话（一九九〇年一月）

庄老通辨（一九九一年十二月）

二〇二二年，三民书局将先生上述作品全数改版完成，搭配极具整体感，质朴素雅、简洁大方的书封设计，期能以全新面貌，带领读者认识国学大家的学术风范、思想精髓。

谨以此篇略记出版钱穆先生作品缘由与梗概，是为序。

三民书局

谨识

东大图书

目　录

增订版补记

　　《中国思想通俗讲话》成于 1955 年，此书限于讲演，共分"道理""性命""德行""气运"四题，其他不及称引。目盲以来多冥想，十年前欲重印此书，又撰《中国思想通俗讲话补篇》一文，内涵"自然""自由""人物""心血""味道""方法""平安""消化"八题。后因故未及重印。1987 年应《动象杂志》索稿，又检拾积年随笔札记十二条附入此补篇一文内。先后体例虽有不同，要皆有助读者自为引申思索。今此书即将重版，特此说明。

　　　　　　　　　　1989 年 9 月钱穆补记于外双溪之素书楼

自　序

　　思想必然是公共的，尤其是所谓时代思想，或某学派的思想等，其为多数人的共同思想，更属显然。凡属大思想出现，必然是吸收了大多数人思想而形成，又必散播到大多数人心中去，成为大多数人的思想，而始完成其使命。此少数之思想家，正所谓先知先觉，先得众心之所同然。然后以先知觉后知，以先觉觉后觉，以彼少数思想家之心灵，发掘出多数心灵之内蕴，使其显豁呈露，而辟出一多数心灵之新境界。某一时代思想或学派思想，其影响力最大者，即其吸收多数人之思想者愈深，而其散播成为多数人思想者愈广，因此遂成其为大思想。

　　若思想脱离了大众，仅凭一二人戛戛独造，纵或深思密虑，穷搜冥索，或于书本文字上阐述陈说，或于语言辩论上别创新解，或就个人会悟提出独见，或从偏僻感触引申孤诣，只要是脱离了群众，既非从大多数人心里出发，又不能透进大多数人心里安顿，此等思想，则仅是少数人卖弄聪明，炫耀智慧，虽未尝不苦思力探，标新悬奇，获得少数聪明智慧、喜卖弄、爱炫耀者之学步效颦，但其与大多数人心灵，则渺无交涉。则此等思想，仍必归宿到书本上、言语上，流行于个别偏僻处，在思想史上决掀不起大波澜，决辟不出新天地。

余居常喜诵《中庸》，尤爱玩诵其如下所说："君子尊德性而道问学，致广大而尽精微，极高明而道中庸，温故而知新，敦厚以崇礼。"窃谓惟德性乃大众之所同，人人具此性，人人涵此德，问者即当问之此，学者亦当学于此。只有在大众德性之共同处，始有大学问。只有学问到人人德性之愈普遍处，始是愈广大。老子曰："同谓之玄，玄之又玄，众妙之门。"亦只有在愈广大处，才见得愈精微。若所见粗疏，则据于一隅，不能尽广大之量。不能尽广大之量，则彼此之间不能无异同。于是则敌论竞起，互相角立，仅足以相争，而不足以相胜。大则如吴晋争霸，小则如滕薛争长。各有所见，亦各有所蔽，各有所长，亦各有所短，其病在于不能致广大。若求致广大，则必尽精微。惟有精微之极，始是广大之由。诚使大多数人心灵同归一致，尽以为是，此必无多言说，无多疑辨，无多创论，无多孤见。当知能如此说，虽若粗疏，而实尽精微之能事。凡求于言说中树孤见，于疑辨中辟新论，貌若精微，而实则粗疏。

南宋陆复斋所谓"留心传注翻榛塞，着意精微转陆沉"，即对此等离开广大心灵，拘泥文字言说，而刻意求精微者施针砭。惟致广大而尽精微者，乃始为高明。此高明乃得学问之极于精微来，而此学问之所以极于精微，则从体悟到广大德性之玄同中来。故真高明者，必转近于广大之德性，更易为广大心灵所了解，所接受，而后此高明之思想，遂易领导群众于实践，故曰"极高明而道中庸"。人人能知，人人能行，此始为中庸之道，此乃本于广大德性内在之所同趋，所以得成其为高明之极。而此则必其人之学问，到达于极精微处，而始可得之。决非弄聪明，炫智慧，好为孤明独见者所能。

　　然则学问即学于此群众，问于此群众，而群众所同，则远有承袭，自古已然。故必温于故而可以知新，非离于古而始可以开新。不离于群众，斯不离于往古，此之谓敦厚。敦厚故不炫孤知而崇于礼，礼即大群之习俗公行，自往古一脉相传而积袭以至于今。虽有变，而不失其常。虽有歧，而不失其通。惟此乃广大心灵之所同喻而共悦，亦广大德性之所同趋而共安。《易大传》则曰："知崇礼卑，崇效天，卑法地。"礼以卑为用，所谓卑之毋甚高论，使为易行。若论高则与世俗相违，人人惊竦，认为高论。然论高而难行。难行则与众何涉。与众无涉则决非敦厚之道。若使人骛于知而不相敦厚，则风薄而世衰。社会大众共受其苦，然则又何贵而有此大知识，有此大思想？故天之崇，非以其隔绝于万物，乃以其包涵有万物。圣知之崇，亦非以其隔绝群众，乃以其即学问于群众，以其包涵有群众之广大德性而又得其共同之精微。故《中庸》之崇礼，乃崇于群众，崇于习俗，崇于往行，乃以高明而崇于卑暗者。

　　群众乃指夫妇之愚，若不知有所谓思想，不知有所谓理论，不知有所谓疑辨，不知有所谓发明。然群众虽卑，饮食男女，蹈常袭故，而共成其俗，共定于礼。礼由群众来，由群众之蹈常袭故来，由群众之德性之所好所安来。圣知特达，不当忽视于此。圣知特达，则必尊于德性，致其广大，以此为学问，于此获精微，乃以跻于高明，而终不违于中庸，此之谓温故，此之谓崇礼。故得日新其知，而终以成其敦厚。故曰："舜其大知也欤！舜好问，而好察迩言。"又曰："君子之道，譬如行远，必自迩。譬如登高，必自卑。"又曰："诚者，天之道也。诚之者，人之道也。""自诚明，谓之性。自明诚，谓之教。""惟天下至诚，为能尽其性。""至诚之道，可以前知。"圣人虽有大知，而群众亦可以前知。此所谓前知，乃前于圣人之知而即已知。群众非真有知，特群众有诚，其诚出于天，本于性，故圣人出于群众中，此即自诚而明，属天道。圣人尊群之德性，致极于群之广大，而学问焉，而造于精微，成于高明。高明之极，而仍不离于中庸，仍不违于夫妇之愚。而圣人之知，则可以通天心，达天德，而还以成其天，此之谓由明诚，属人道。大哉此道，此则所谓中庸之道。

惟其中国传统，特重此中庸之道，故中国传统思想，亦为一种中庸思想。此种思想，则必尊德性，致极于人性之广大共通面，温故而崇礼。明儒王阳明所倡"知行合一"之学，殆为真得中国传统思想之精义。此亦可谓之中庸之学。中庸之学，造端乎夫妇，而察乎天地。本诸身，征诸庶民，考诸三王而不谬，建诸天地而不悖，质诸鬼神而无疑，百世以俟圣人而不惑。极其所至，既知天，又知人。聪明睿知，而又宽裕温柔。何以故？道不离人，亦学不离人。

窃尝本此意，研寻中国传统思想，知其必本诸身，征诸庶民，考诸三王。考诸三王则治史。征诸庶民，则潜求博求之社会之礼俗，群众之风习。本诸身，则躬行体验，切问近思。乃知中国传统思想，不当专从书本文字语言辩论求，乃当于行为中求。中国传统思想乃包藏孕蕴于行为中，包藏孕蕴于广大群众之行为中，包藏孕蕴于往古相沿之历史传统，社会习俗之陈陈相因中。此行为而成为广大群众之行为，而成为历史社会悠久因袭之行为，则惟以其本于天性，通于天德，故可以建诸天地而不悖，质诸鬼神而无疑。千百世之上有圣人出，此心同，此理同。千百世之下有圣人出，此心同，此理同。故可以百世以俟圣人而不惑。圣人固非生而知之，乃好古敏求以得之。圣人无常师，三人行，则必有吾师。大群众之中庸，即圣人之师。大群众之思想，即成为圣人之思想。惟大群众不自知，而圣人则学问于大群众而知之。亦惟此乃成为大知识，亦惟此乃成为大思想。

去暑在台北，曾作为系统讲演凡四次，初名"中国思想里的几个普泛论题"。原意在拈出目前中国社会人人习用普遍流行的几许观念与名词，由此上溯全部中国思想史。由浅入深，即凭众所共知共喻，阐述此诸观念诸名词之内在涵义，及其流变沿革，并及其相互会通之点，而借以描述出中国传统思想一大轮廓。所谓礼失而求诸野，诚使一时代、一学派之思想，果能确然有其所树立，犁然有当于当时之人心，沛然流行而莫之能御，则虽其人与言而既往矣，而其精神意气之精微，殆必有深入于后世之人心，长留于天壤间，而终不可以昧灭者。以人事冗杂，越秋至于冬杪，始获少闲暇。乃就当时讲演录音，重加整理，粗有润色，易以今名为《中国思想通俗讲话》，集成一册，先刊以问世。

然我不知，我此书所讲，其果能有所窥于人群德性之大同之深在者有几，其果能有所当于广大人群之所共喻而共悦者又有几。其自所学问之途辙，果能由以达于精微之境，而稍可以冀于高明之万一者又有几。此皆我个人学力所限，不敢自知。然我终不敢违越于往古圣人敦厚崇礼之教，终不敢鄙蔑于往古圣人所示温故学问之功，虽曰未逮，亦我私志日常之所勉。

此四次讲演之所及，则仍限于抽象理论之阐发。至于具体落实，更就历史社会种种实象，作更进一层之发挥与证明，以求尽竭乎吾胸中所欲说，则当俟生活有闲，精力有剩，别举论题，继此阐释，续撰第二第三编，以足成吾意。故此册则暂名第一编，先以呈请于当世通人君子之教正。

旧历甲午岁尽前两日钱穆

自序于九龙嘉林边道新亚研究所

前　言

　　诸位先生，我这一次得有机会，向诸位作一番有系统的讲演，甚为高兴。我的讲演，将连续四次，分成四个讲题。综合起来，暂定一总题，名为"中国思想里的几个普泛论题"。

　　让我先略一申说所谓"中国思想"一语之涵义。讲到思想，有指个别而言，如孔子思想、王阳明思想等。亦有指共通而言，如中国思想、印度思想等。

　　人类思想之开始，本都是共通的。如饿了想吃，渴了想饮，冷了想穿衣服。但后来渐趋分歧，如米食和麦食便分成两途，有些人在想如何烤面包，有些人在想如何煮米饭。饮也如此，有人在想如何制咖啡，有人在想如何焙茶叶。衣也如此，有人在想如何养蚕织丝，有人在想如何牧羊织毛。

　　人类思想，如此般的分歧演进，今天我们所讲，固不是煮米饭和织蚕丝的问题，但所讲尽属抽象，而仍有其共通性。所谓中国思想者，则是在人类思想大共通之下之一个小区别。而就孔子思想以及阳明思想等而言，则所谓中国思想，仍是一共通性。

　　讲思想，又必注意其联贯性。换言之，思想必有其传统。这一时代的思想，必在上一时代中有渊源，有线索，有条理。故凡成一种思想，必有其历史性。而讲思想，则必然该讲思想史。

人类行为，必受思想之指导。惟其思想有传统，有条理，人类行为始能前后相继，有其持续性。此种行为之持续性，我们则称之为乃一种历史精神。历史精神也有其共通性，而仍不能不有其相互之分歧性。此种分歧，遂形成了人类历史上各民族文化之各别性，即特殊性。在各民族中，则又有其各时代之特性。于分歧中见共通，在共通中又有分歧。所谓中国思想，则就中国民族各时代思想之分歧中，来籀出其共通性，以见与其他民族思想之分歧处。

在任何一民族中，必有几许共通的思想，贯彻古今，超越了时代，跑进了人人心坎深处，而普遍影响及于社会之各方面，成为这一社会所普遍重视、普遍信仰或普遍探讨的论题，几乎成为一种口头禅。我们或许对此项口头禅，因惯常熟习听闻，熟习引用，而忽略了，甚至昧失了其内涵之深义。但当知，此乃一民族共通思想之结晶体，惟有此项思想才是活的，有力量的。一切思想分歧，都由此而演出。

今天我们处身在一大时代，在一思想斗争的时代中。我们该能开创我们时代所急切需要的新思想。但要开创时代新思想，我们该探讨历史上的传统思想，因其积久埋藏蕴蓄在我们大群的心中，即在我们每一人的心中。它已演成了我们从来的历史，它已不啻成为我们生命中一重要的核心。我们一切行为，在不知不觉中，大都由此演出，我们如何能不注意？我们该把握历史传统思想来开创我们时代的新思想，来完成我们时代的新使命。

　　我这四次讲演，便是根据上述观点来讲中国思想里的几个普泛论题。此项论题，则必将是贯彻古今，而为每一时代之思想家所共同讨论者。此项论题，则又必是渗透深入于现社会一般人之心中者。因此讲思想史，即无异于是讲现代思想，因其已埋藏蕴蓄在现代思想之心坎底里，而有其深厚的生命，故为吾人所不得不注意探讨与发挥，以求其适应于现时代之需要，而成为一番新思想。我因于时间限制，只分讲四次，来举例申述。

第一讲　道　理

一

　　今先讲第一论题，即"道理"两字。"道理"两字，在中国社会，已变成一句最普通的话。我们可以说，中国思想之主要论题，即在探讨道理。我们也可说，中国文化，乃是一个特别尊重道理的文化。中国历史，乃是一部向往于道理而前进的历史。中国社会，乃一极端重视道理的社会。中国民族，乃一极端重视道理的民族。因此中国人常把"道理"两字来批判一切。如说这是什么道理？道理何在？又如问，你讲不讲道理？这一句质问，在中国人讲来是很严重的。又如说大逆不道，岂有此理，那都是极严重的话。"道理"

二字，岂不是普遍存在于中国现社会人人之心中与口中，而为中国人所极端重视吗？但中国人如此极端重视的所谓道理，究竟是什么一种道理呢？这不值得我们注意来作一番探讨吗？

依照常俗用法，"道理"二字，已混成为一名，语义似乎像是指一种规矩准绳言。在中国人一般思想里，似乎均认为宇宙（此指自然界）乃至世界（此指人生界），形上及于形下，一切运行活动，均该有一个规矩准绳，而且也确乎有一个规矩准绳，在遵循着。但此项规矩准绳的具体内容是什么呢？我们人类的智识能力，又何从而认识此项规矩准绳呢？这正是中国思想史上所郑重提出而又继续不断讨论的一个大问题。

若我们进一步仔细分析，则"道"与"理"二字，本属两义，该分别研讨，分别认识。大体言之，中国古代思想重视道，中国后代思想则重视理。大抵东汉以前重讲道，而东汉以后则逐渐重讲理。《宋史》有《道学传》，而后人则称宋代理学家。今天我们通俗讲话，则把此两字联结起来，混成为一观念。这正是两三千年来中国思想家所郑重提出而审细讨论的一个结晶品。

二

现在依次先讲"道"。道究竟指的是什么呢？庄子说："道行之而成。"这犹如说，道路是由人走出来的。唐代韩愈在《原道》篇里说："由是而之焉之谓道。"这是说，道指的由这里往那里的一条路。可见道应有一个向往的理想与目标，并加上人类的行为与活动，来到达完成此项理想与目标者始谓之道。因此道，必由我们之理想而确定，必又由我们之行动而完成。人之行动，必有其目的，由于实践了整个历程而到达此目的，若再回头来看，此整个历程便是道。因此道，实乃是人生欲望所在，必然是前进的，是活动的，又必然有其内在之目的与理想的。

由是演绎开来说，道是行之而成的。谁所行走着的，便得称为谁之道。因此道可得有许多种。如说天道、地道、鬼神之道、人道等是。即就人道言，既是"由是而之焉之谓道"，则由此至彼，也尽可有好多条相异不同的道。而且由此至彼，由彼至此，皆可谓之道，于是遂可有相反对立之道。故说王道、霸道，大道、小道，君子之道、小人之道，尧舜之道、桀纣之道，皆得称为道。譬如说，你走你的路，我走我的路。孔子说："道不同，不相为谋。"《中庸》又说："道并行而不相悖。"

而且道有时也可行不通，孔子说："道不行，乘桴浮于海。"这是指大道言。子夏说："虽小道，必有可观者焉，致远恐泥。"这是指小道言。《易经》又说："君子道长，小人道消。小人道长，君子道消。"因有相反对立之道，故若大家争走着那一条，这一条一时便会行不通。于是又有所谓有道与无道。无道其实是走了一条不该走的道，那条该走的道反而不走，这等于无路可走，故说无道。

以上述说了"道"字大义。何以说先秦思想重于讲道呢？如《论语》《孟子》多言道，六经亦常言道，少言理。庄老也重言道，所以后世称之为道家。但《庄子》书中已屡言理，惟《庄子》书中的理字，多见于外、杂篇。在内篇七篇，只有《养生主》"依乎天理"一语。若说《庄子》外、杂篇较后出，则理的观念，虽由道家提出，而尚在晚期后出的道家。又如《韩非子·解老篇》："道者，万物之所然也，万理之所稽也。"《管子·君臣篇》："顺理而不失之谓道。"上引两语，都可归入晚期道家。他们都提到"理"字，与"道"字并说，但"理"字的地位显然在"道"字之下。

又如《易·系辞传》："易简而天下之理得。"《说卦传》："穷理尽性以至于命。"乃及《小戴礼·乐记》篇："天理灭矣。"此为经籍中言及"理"字之最要者。然《易传》与《小戴记》本非正经，皆属晚出，殆亦受道家影响。而后汉郑康成注《乐记》"天理灭矣"一语，云："理犹性也。"可见直至东汉儒家，他们心中，还是看重性，看重道，而理字的观念，尚未十分明白透出，因此遂把性来解释理。许叔重《说文解字》曰："理，治玉也。"又谓："知分理之可相别异也。"玉不琢不成器，玉之本身，自有分理，故需依其分理加以琢工。孔门儒家重人，不重天，故仅言道不言理。但到宋儒，乃亦重言"理"字，却说"性即理"，才开始把上引"理犹性也"一语倒转过来，把理来解释性。这是中国古代和后代人对理字的观念看得轻重不同一个绝好的例证。此外如高诱《淮南子·原道训》注，说："理，道也。"《吕氏春秋·察传篇》注，说："理，道理也。"可见汉儒一般都对理字观念不清楚，看得不重要，因此都把道来解释理。但到宋儒则都把理来解释道。

三

开始特别提出一"理"字，成为中国思想史上一突出观念，成为中国思想史上一重要讨论的题目者，其事始于三国时王弼。王弼注《易经》，说："物无妄然，必有其理。"这是说宇宙间一切万物，决不是随便而成其为这样的，宇宙万物，必有其一个所以然之理。天地间任何一事物，必有其所以然，而决不是妄然的。妄然即是没有其所以然之理，而随便地成为这样了。当知庄老亦只言自然，这一理字，乃经王弼特别提出，在《易经》本书中，并不曾如此说。即在《易·系辞传》也只说："一阴一阳之谓道。"又说："形而下者谓之器，形而上者谓之道。"这是说宇宙间一切万物，皆由阴阳之气聚散分合，而才有形象之万殊。有形象的便谓之器，故器是形而下。至于那气如何由阴转阳，由阳转阴，如何聚散分合，那些运行活动，则只是一项过程。过程是变动不居的，是去而不留的，是无形象可指的。因此说它是形而上，而此形而上者则是道。《易·系辞传》只说到如此，而王弼却于《易经》原有的道的观念之外，另提出一理的观念来，说宇宙万物，各有它一个所以然之理。这是一个新观点，而在后来的中国思想史上，却演生出大影响。

王弼又接着说："统之有宗，会之有元。故自统而寻之，物虽众，则知可以执一御也。由本以观之，义虽博，则知可以一名举也。"这是说，宇宙间万事万物，既各有一个所以然理，而万事万物又不胜其复杂，既是每一事物有每一事物之理，岂不理也成为很多很复杂吗？但王弼的意思并不然。他说，事物之理好像很多很复杂，但若我们把它编排起来，会合起来，便成为一个元（即是同一的起始），一个宗（即同一的归宿），由是才见得宇宙万事万物，在其背后，有一个最原始最基本的理，为宇宙一切万象所由生。这真是一番了不起的大理论，后来的中国思想家，遂多转移目光，注意到这一问题上。

郭象注《庄子》，也说："物无不理，但当顺之。"以前道家着重在道字，故老子说："道生之，德畜之。"又说："人法地，地法天，天法道。"宇宙万物皆生于道，故宇宙万物皆当法于道，即依顺于道。而郭象则说，宇宙万物皆有理，故当依顺于理。这在说法上，便有些不同。

王弼、郭象是魏晋时代的道家，其实已可说他们是新道家，与先秦庄老道家有不同。其次我们要提到稍后佛门中大和尚竺道生，即后代有名的生公。他也说："理不可分，悟语极照，以不二之悟，符不分之理，谓之顿悟。"他说理不可分，这即是王弼所谓"统之有宗，会之有元"了。从前人只说求道明道，而竺道生则转移重点来说悟理。他在佛法中惊天动地的"顿悟"之说，原来是根据于理不可分的观点上。而后来在唐代的华严宗，又演变出事理无碍，事事无碍的理论来。既是宇宙间每一事物之后面各有一个理，而那些理又是可以统宗会元，合一不分的，则自然可见事理无碍，甚至于事事无碍了。既是事理无碍，事事无碍，则何必有形上形下之分，又何必有入世出世之别？于是佛法便渐转成世法，而开启出后代宋儒的理学来。

宋儒称为理学家，他们重视理的观念，不问可知。所以朱子说："合天地万物而言，只是一个理。有此理，便有此天地，若无此理，便亦无此天地。"朱子这一番话，好像是重述了王弼意见，只是把王弼的文言翻译成语体。若论其内容涵义，朱子、王弼之间，可说没有大分别。所以朱子又说："今日格一物，明日格一物，一旦豁然贯通，众物之表里精粗无不到，吾心之全体大用无不明。"朱子这一番话，又很像竺道生。格物虽是渐，而悟理则属顿。惟其理一而不可分，所以有一旦豁然贯通之悟境，而众物之表里精粗可以无不到，吾心之全体大用可以无不明。试问朱子与竺道生所说，又有何甚大的分别呢？

所以"理"字观念的提出，虽由先秦道家已开始，而直到魏晋新道家，始发挥得精彩。佛家也因把握了这一观点而阐扬出新佛法，而后来的宋明儒，他们注重"理"字，显已融进了道佛两家观点，因此造成了儒、释、道三教合一的新儒学。

四

以上约略说明了东汉以上中国思想偏重在讲道，魏晋以下中国思想偏重在讲理，而简单地举出些实证。至于更详细的证明，大家可向书本上自己寻求，我想是可以无须再多说了。

根据上述说法，我们若要和别人讲道理，若要讲我们中国人所传统重视的道理，自然该懂得一些中国思想史的大概内容了。现在让我再进一步，把此"道""理"两字，根据中国传统思想，来作一更细的比较。

道是行之而然的，即是要人走了才有路，没人走，即不成为是路。因此道是可以选择的，如我爱向这边走，你爱向那边走。若有某一条路容易走得通，于是人人尽走向那一条，积而久之，这便成为大道了。因此大道是常然的，又可说是当然的。譬如吃饭后需休息，不休息常易发胃病，因此饭后休息是当然。因其当然而大家如此，则成为常然。至于理，则是一个所以然。为何生胃病？因其饭后不休息，这是所以然。既有所以然，便连带有必然。饭后不休息，便必然会发胃病。此项所以然与必然，我们则说是理。所以道是教人该怎样，理是告诉人必这样。为何该这样呢？因其是常常这样的。可以说，常然之谓道。又可说，当然之谓道。而理则是必然这样的。如二加二等于四，此之谓数理，但只能说是数之理如此，却不能说它是数之道。又如基督教徒宣扬耶稣教言，我们称之为传道，称之为播道，却不能说是传理或播理。可见即在今天常俗用语，"道""理"两字，也分别得很清楚。

惟其理是事物之所以然，所以理应该先事物而存在。譬如二加二等于四，此是一数理，即在人类没有明白这一数理之前，那项数理早该已存在。又如苹果落地，此是一物理，我们又称之为万有引力之理，但在牛顿没有发明出此万有引力之理以前，那理也早该已存在。因此理也可说是本然的，而道则待人行之而始然，并不是本然。故二加二等于四，是数理。若我先有两个，想凑成四个，则必再加上两个，那种再加上两个来凑成四个的行为与活动，则可说是道。所以道是须待行为而始完成的，因此道字的观念里，必然已加进了某种的事业行为与活动。至于理，则不需有事业，不需有行为与活动，而早已存在着。

因此道可以创造，孔子说："人能弘道，非道弘人。"若没有人的活动与行为，即就没有道。既如此，道何能来弘大人，只是人在弘大道。浅言之，道路是由人开辟修造的，人能开辟修造一条便利人的道，故说人能弘道。但纵使有了这条道，若人不在此道上行，则仍等于没有这条道，而这条道也终必荒灭了。所以说非道弘人。惟其如此，所以既说弘道，又说行道、明道、善道。总之，道脱离不了人事，脱离不了人的行为与活动。没有道，可以辟一条。道太小，可以放宽使之成大道。道之主动在于人。

但理则不然，人只能发现理，发明理，却不能创造理。从前人不懂飞机之理，现在给人发现了、发明了。但人最多也只能发明此飞机之理，并不能说人创造了飞机之理。因飞机之理，乃飞机之所以然，在没有飞机以前，应该先已有了飞机之理之存在。人类只能依据此早已存在的飞机之理来创造出飞机，但人类不能因想造飞机，先创造一飞机之理。一切创造皆得依于理，不能于无理处创造出理来。因此，道是待人来创辟来完成的，其主动在于人。而理则先事物而存在，不待于人之创，其主动不在人。因此，理先在，一成不变。道创生，变动不居。这是道与理之间一很大的不同点。

再言之，理是规定一切的，道是完成一切的。求完成，不限于一方法、一路线，所以道属于多，可以变。而规定一切的理，则是惟一的、绝对的、不变的。即就以茶或咖啡解渴之例来说，茶可以解渴，咖啡也可以解渴，所以或些地区喝茶，或些地区饮咖啡。解渴之道多端，尽可以不同，但论其所以能解渴之理则是一。茶与咖啡之所以能解渴，则有同一理存在。所以道虽多端，而理则一致。道虽可变，而理则前定。在人类未有发明茶与咖啡作为饮料之前，而如何始可以解渴之理则早已存在。人类发明了饮茶与喝咖啡之后，对于此项解渴之理之存在，则并没有增添。在未发明茶与咖啡以前，对于此项解渴之理之存在，也并没有减少。因此，理是不受摇动的，而道则是尽可变通的。只要合乎解渴之理，将来除却茶与咖啡外，人类还尽可发明新饮料。惟其理是惟一的、绝对的、不变的，所以通常俗话也只说合理与不合理。简言之，则只是对不对。合了便对，不合便不对。不合于解渴之理，即不解渴。不合于起飞之理，即不起飞。而道则可以多端，容许变通，所以我们通常也只说近于道，或远于道，或说违道不远，却不说合道与不合道。

五

现在我们试再进一步，另换一方向讲。理先事物而存在，惟一而不可变。我们虽不能创造理，却能发现理，发明理。换言之，理则是可知的。因理既然早已在那里，而且又是老在那里而不变，因此我们今天容或不知有此理之存在，而慢慢地终可知。格物穷理之学，即由此而建立。而道则根本并不在那里，尚有待于某一主动者之由行动来创出道，而道又可常常变，因此道属不可知。譬如他渴了，你哪能知道他必然会找到饮料，又哪能知道他必然会喝茶而不饮咖啡呢？此又是理与道之间一绝大不同处。

上面说，理前定先在而可知，但人又何从来认识此先万物而已存在已决定之理呢？其实此话也只是一理，在人类智识是无法认取此理而与以证实的。在人类，只认为宇宙间一切事物均有其所以然之理，在宇宙间，则并无无理而存在之事物，事物决不能无理而出现。既然事物出现，必然附有理，因此我们说理先事物而存在。若理不先事物而存在，岂不在宇宙间可以出现无理之事物？若此宇宙，容许有无理而出现而存在之事物，则此宇宙，可能有多角之圆形，可能没有生而死，一切不可想象。明天的宇宙，可能变成一绝不可知的宇宙，人类将不能一日安心居住在此宇宙间。将无处可用心，并亦无所措手足。所幸者，则在此宇宙间一切事物，均有一所以然之理。纵使人类今日智识尚有许多说不出的理，但一切事物则老是这般存在着，好待人慢慢去思索，去探求，去发现。而且既然每一事物都有理，则最先必出于一大理。此一大理，在宋儒则称之为"天理"。

何以说宇宙一切理，最先必出于一理？因宇宙间若有两理或两理以上，则此两理必然形成两宇宙，而且此两宇宙将会永远冲突，则仍是一不能安住，不可想象之宇宙。因此宇宙只是一完整的，故此形成此宇宙之理，其最先也必然只是一个理。我们只可说"道并行而不相悖"，却不能说"理并在而不相悖"。若不相悖，则可会通，仍然是一理。因此，就理言，宇宙间必有理存在，而且像是先事物而存在，并且统宗会元，该是只有一个理，即天理，最大而无所不包之理，老是如此存在着。否则若不先有此一理存在，又或并不止一理存在，又或虽存在而仍可变，则此宇宙到底为一不可想象者，到底将不能使人一日安心居，并亦不能活下去。因此就人类理智言，必然该信此宇宙，有一前定先在而终极为人可知之理存在着。宋儒提出"天理"一观念，又提出"理先气而存在"的观念，大意只如此。其实此一说法，则仍只是一纯抽象之理，而无法具体求实证。这一说法，其实在王弼时早已说尽了，即在宋儒也逃不出王弼所说之范围。因此一说法，仅只是理当如此而止，无法具体说。具体说了，则又落到事象上，并非此先宇宙而存在的绝对惟一的大理。

六

讲到此处，不免又要牵连到另一新问题。宇宙万物同一理，但并不同一道。有些道属于人，但有些道则并不属于人。此等不属于人之道，就整个宇宙论，显见比人道的范围更伟大，因此也更重要。中国古人则混称凡此等道为"天道"。而天又是个什么呢？此又是一不可知。《孟子》说："莫之为而为者谓之天。"我们明见有此等道，但不知此等道之背后主动者是谁，于是统归之于天。人生则是从可知（人道）而进向于不可知（天道），也可说，乃由于不可知（天道）而产生出可知（人道），而可知则永远包围在不可知（天道）之内。换言之，天之境界高出于人，而人又永不能逃离天。因此人求明道、行道、善道、弘道，必先知道之有不可知，此乃孔孟儒家所谓知天知命之学。

所谓知天知命，浅言之，则是须知其有不可知。此一理论，道家庄周，亦如是主张。但人心不肯老包围在此不可知之内，总想穿破此不可知，而达成为可知。老子即抱此想法。故老子乃试把道的地位倒装在天之上，他说："人法地，地法天，天法道。""道生天地"，但那生天地之道，又是谁在背后作主动呢？这一问，不能不回答，不能不解决。于是老子又说："道法自然。"在老子之意，他只说，道只是自己在如此，背后更没有主动，故称之为自然。既属道自己在如此，则不须再求谁是其主动者。然就上述道字涵义说，道必该在其背后有一个主动。若说道自己在如此，道法自然，则道之本身，似乎已没有一个规矩准绳了。道法自然之说，究是太无把柄，难于捉摸，所以又逼出王弼来，改提出一个"理"字，使问题较易于解决。

因天道虽不可知，而天理则可知。道之背后应有一个主动者，而理则是一切事物之所以然，在理之背后更不必求其一主动。这一说法，落到宋儒，便说得更清楚。朱子说："帝是理为主。"这是说，纵使是上帝，也得依照理，故理便成为上帝的主宰了。若说上帝能创造世界，创造万物，但上帝也得依照于理而创造。上帝创造了世界，但不能创造此创造世界之理。理规定了一切，同时也可以规定了上帝，因此上帝也只能遵照此理去创造出世界。或者你可说，上帝本身即是此创造世界之理，但上帝的地位，最高也仅能至此而止。故朱子要说，理即是上帝，上帝也由理为主了。因此宋儒说天理，那是理的地位高过了天。天理的"天"字，只成为"理"字的形容词，与古人说天道绝不同。

若说天道，则是天在那里走它的路，行它的道。如日月循环，寒暑往来，太阳下去，月亮上升，夏天完了，冬天来到，这是天在那里行它的路。但我们只能知道天在如此行，却不知天究竟要行向何处去，而且也保不住它是否永远如此般行。换言之，天是否有意志，有计划，它的意志与计划究竟是怎样呢？这是一不可知。但若说自然，固然天的不可知的问题可以不存在，但自然也该有一个理，我们不能说自然便了，更不问它理。在此上，郭象思想便不如王弼。因郭象注《庄子》，重视自然更胜过了理。而老子思想，也不如庄周。因庄周言道，还保留有一天，而老子想把那天轻淡地抹去，而仅存有一道。《易·系辞传》则承续老子思想，也只存有一道，不再有天了。因此才逼出王弼来。现在再说到理，则显见与道不同。因理是先定而不变的。正如此刻，诸位听我讲话，究竟不知道我下面定要讲一些什么。但若看我演算草，则几乎可以不必看，只要懂得了公式，答数一定可得。不论是你演或我演，若不如此答，则准是演算者错了。

<h1 style="text-align:center">七</h1>

我们如此讲，岂不是宋儒的穷理精神，已远胜过先秦儒的明道精神吗？这却又不尽然。讲到这里，则又须牵进到另一问题上去。我们只听说"天道""人道"，却不曾听人说"物道"。我们也只听说"天理""物理"，却很少有人说"人理"。可见若注重在讲道，则天与人对立。若注重在讲理，则成为天与物对立。人只包在物之内，不见有它自主自行的地位。若论天道，天属不可知，因此天的

地位高了，而人的地位也随而高。若论天理，天属可知，不仅天的地位低了，而人的地位也随而低。因道之背后必有一主动，人类自身亦为道之主动，而有所谓人之道。因此"天""人"对立，而人的地位自高了。由于天人对立而可以求达天人相通、天人合一的境界，那是古代中国人求能明道之最高一境界。至于万物，则并不能主动，因此不能有物之道，物之道则包括在天道之内了。至于理，它是先在那里规定一切，主宰一切的。人也得受理之规定与主宰，因此人也包括在物之内而仅成为一物。因此只有天理、物理，"天""物"对立，另外更没有人的地位了。而且天也只成为一物，也在受理之规定与支配。如是则天地万物合成一体，只有理高出于其上。

如是讲来，唯理的世界，其实只是一唯物的世界。不仅没有上帝，而且也没有人。此宇宙则仅是一理在主宰而支配着，而此理又只有在物上去求，所以说"格物穷理"。所以此唯理的世界，其实仍是人类所不能忍受的世界。因此，偏重道与偏重理，必然会形成两种宇宙观，与两种人生观。道的宇宙，是在创造过程中，有多种可能的变动，而且有些处尽可由人来做主。理的宇宙，则先已规定了，在此规定中，无法有变动，谁也不能另有主张，另有活动之余地。

然则哪一种看法对了呢？我想，照中国人看法，即是照中国思想史来讲，宇宙本可有此两种的看法。从某一角度看，此宇宙是动的，能创造，许人插手做主的。另从某一角度看，此宇宙是定的，被规定了，不许人插手做主的。宇宙如此，人生也如此。再换言之，此一宇宙，有些是可知的，而有些则终极不可知。此宇宙决不是全不可知，但也决不是全可知。此宇宙决不是全不可改造，但也决不是全可改造的。此宇宙是被限定的，而在其被限定之内，却有无限的可能。宇宙如此，人生亦如此。

我想中国人所讲宇宙人生的大道理，应该是如上所述的。因此我们若要问，这一个世界，照中国人看法，究竟是道的世界呢，抑还是理的世界？则不如说这一世界乃是道理合一相成的世界。不过古代中国人，在"道"字的观念上，多用了些思想。而后代中国人，则在"理"字的观念上，多用了些思想。因此，王弼、郭象虽与庄、老立说有异，而毕竟是大处仍相通。程颐、朱熹虽与孔、孟立说有异，而毕竟也是大处仍相通。而孔、孟与庄、老，也仍有其大处之相通，这便成其为中国思想之共通性。

八

现在我们若把中国思想来和西方欧洲人思想相比，让我们仅从粗大处看，我想，中国人讲道，有些处颇近于西方宗教的精神。而中国人讲理，则有些处颇近于西方科学的精神。此只如耶稣教传道，不能说传理，物理学不能称物道学，即可见。在中国人思想，相信此整个宇宙，应该有一个内在当然之道在遵循着，也应该有一个主宰，这一个主宰，虽为人类智识之所不可知，而人类仍可就其所知而上通于此不可知，而使此二者之合一而相通，这便是中国人的宗教精神之所在。

中国人又相信此宇宙有一个必然之理在规定着，而此项必然之理，就人类智识，可以随时随地随于每一事物而研讨穷格之，以达于豁然大通之一境，此即中国人的科学精神之所在。中国没有自创的宗教而爱讲道，中国没有现代西方那一套完整的科学而爱讲理。在西方，宗教和科学，分道扬镳，各走一端，正苦无法调和。而在中国则认为道即理，理即道。道与理，虽有时应分言之，而有时又常合言之，似乎虽可分而不必严格分。若我们依照朱子"格物穷理"的精神直推下去，就成为科学。若我们依照孔子"天生德于予，知我者其天乎"的精神直推下去，也就成为宗教。正因为中国人抱着一种"道理合一相成"的宇宙观，因此宗教和科学的界线，在中国思想里，也就融会调和，不见有甚大的冲突。兹再大体比较言之，似乎中国人更重讲道，而西方人则偏向于求理。

在西方中古时期，因于宗教精神之太偏于一条路上发展，而彼方遂有所谓黑暗时代之出现。最近两百年来，又因于新科学之突飞猛进，仍是太偏发展，而与社会人文脱了节，又引生出种种毛病。更有一辈思想家，试想把自然科学方面的种种律令，来推测整个宇宙，于是唯物论哲学风行一时。若就中国思想观点来评判，那是只见了理世界，而不见有道世界。仍然只见了此宇宙之一面相，而忽略了另一面。尤其是他们试将自然科学的律令，应用到人文界。其最极端者，如马克思的唯物辩证法，与其纯经济的历史观，一切皆属命定必然，个人的地位也全抹杀了。他不知在人类社会中，个人的因素占有重要的成分。而人类的一切活动与创造，在此有限宇宙的规定中，还容许有无限之可能。他重视了物理，忽略了人道。如我上面所讲，他是把在天的观念中所应有的人的成分抹去了，而仅留着物的成分。最多是只见天理，没有见天道。因此，又把天的观念中之神的成分，即为人类智识中所不可知的那一面抹去了。

只有在中国，不纯粹讲理智，不认为纯理智的思辨，可以解答一切宇宙秘奥。中国人认定此宇宙，在理的规定之外，尚有道的运行。人性原于天，而仍可通于天，合于天。因此在人道中，亦带有一部分神的成分。在天，有部分可知，而部分不可知。在人，也同样地有部分可知，而部分不可知。而在此不可知之部分中，却留有人类多方活动之可能。因此宇宙仍可逐步创造，而非一切前定。这有待于人之打开局面，冲前去，创辟一新道。此等理论，即带有宗教精神，而非纯科学观者所肯接受。这是中国全部思想史所不断探讨而获得的一项可值重视的意见。

第二讲　性　命

一

上一讲，提出了"道理"两字，此一讲，则另提"性命"二字作讲题。道理是在外面的，性命是属内部的，这是我们自己身体内之所有。若就西方哲学术语说，道理应属宇宙论范围，性命则属人生论范围。

"性命"二字，也如"道理"二字般，已成为全中国人日常普遍使用的一名词。说到"性命"二字，有首先值得我们特别注意者，即中国人日常通俗所说的性命，即指人之生命言。如云拼舍性命，又言性命休矣，性命难逃之类，皆是。但为何不说生命而偏要说性命呢？这里却是一大问题，早在两千年前，中国思想家已经极深刻地辩论过。

与孟子同时有告子，他曾说："生之谓性。"此一语，若用今通俗语翻译，即是说生命即性命。生命外，更无所谓性命了。但孟子非之，孟子质问告子说："犬之性犹牛之性，牛之性犹人之性欤？"此即说：若单讲生命，则犬的生命、牛的生命和人的生命都一般，没有大区别。但犬牛和人，在其生命相同之外，还有其各别的性。犬之性不同于牛之性，牛之性不同于人之性，因此，只有在性上，人和犬牛才见有大区别。若单说生命，则犬牛与人各有生命，人与禽兽的生命，便无法大分别。必须言性命，始见人之异于禽兽，始见人生之尊严处。孟子曰："人之异于禽兽者几希。"此性命的"性"，即是人兽相别之几希处。后代的中国人，大体都接受孟子此意见，故不肯言生命，而都改口说性命。

三国时，诸葛亮《出师表》："苟全性命于乱世，不求闻达于诸侯。"当知此所谓苟全性命，决不是苟全生命之义。若求苟全生命，则北走魏，东奔吴，在曹操、孙权处求闻达，一样可以全生命。可见诸葛孔明高卧南阳，苟全性命，实有甚深意义，极大节操，此乃诸葛孔明高出一世之所在。他所用"性命"二字，乃是儒家传统思想所特别重视的性命，决不仅指几十年的生命言。

现在我们要问，孟子之所谓性，究竟是什么意义呢？概括来说，中国人"性"字，涵有两种意义，一是生之本质，一是生之可能。而古代人用"性"字，则可能义更重于本质义。今说犬之性异于牛性，牛之性异于人之性，即是说：人有了这一条生命，他所能做出的许多事，和犬和牛之所能做出者不同。故其生命虽同，而在其各有之生命中之可能表现者不同。何以在同一生命中，会有不同的可能呢？这只能说是生命本质之不同。既是生命本质不同，即无异于说生命不同。人为要自表示其生命之与其他禽兽草木一切生命之不同，故牵连着说性命。因此，中国人通常俗语用"性命"二字来代替"生命"，其实已包涵了极深的思想结晶。这一语中，即包涵着生命之本质与可能，也可说，即包涵着生命之意义与价值。换言之，这已包涵有甚深的哲学情味。此刻若想把我们日常普遍使用的"性命"两字，切实明了，则又必牵连到全部的中国思想史。

二

现在我们试再问，上面所说的人之性，又是何从而得之的呢？《中庸》上说："天命之谓性。"中国人大体普遍承认此一语，即谓人之性乃由天命得来。但此处所谓天，又是指的什么呢？究是指的一位造物主，上帝，抑是指的大自然，如科学家的想法呢？就宗教言，一切万物皆由上帝创造。就科学言，一切万物皆是自然演化。但我在上一讲里已说过，在中国思想里，科学与宗教，两者间，并无一条很深的鸿沟，把彼此疆界划分得清楚。因此在中国人，则不说上帝，不说自然，而混称之曰"天"。但天与人的问题，是中国思想史上一绝大的问题，我们值得时时注意到。现在则首先提出两层意义来说。

一、人性既是禀赋于天，因此在人之中即具有天。

二、天既赋此性与人，则在天之外又别有了人。

此如说，政府指派一全权代表出国去，办理某项交涉，此全权代表接受了政府命令，自可运用他的全权，随宜应变，代表政府，决定一切了。由此言之，人即是天的全权代表者。惟此所谓全权，自指代表办理某项交涉言，决不指代表全国之一切政令言。因此，人虽可代表天，而天仍在人之上。人之所得代表天者，即在人之性。而天之所以高出于人之上者，则在天之命。若我们要明白人类生命之本质与可能，及其意义与价值，则该从此"性命"两字中细参。

三

兹再进一步言之，天既把此性给予人，此性为人所有，故我们得称之为"人性"。但此性禀赋自天，故我们亦得称之为"天性"。中国思想中所谓"天人相应""天人合一"，其主要把柄，即在此一"性"字上。故《中庸》又说："率性之谓道。"这是说：率循此性而行者便是道。根据上一讲，道有天道、人道之别，而此处所谓率性之道，则即天道，亦即人道。因天命之性是天人合一之性，故率性之道，亦是天人合一之道。此一性，既是人人所有。此一道，亦是人人能行。试问依循着自己的天性来做事，哪一个人不喜欢，又哪一人不能呢？因此，中国古人又称此道为中庸之道。宋儒程子说："不偏之谓中，不易之谓庸。"所谓不偏，也可说，既不偏在天，也不偏在人。深言之，既不偏在出世，也不偏在入世。既不偏在人之外，也不偏在人之内。此乃一种天人合一之大道，自可让我们人类永远遵循，莫之与易了。

率性之道，既是天人在此合一了，因此《易经》说："先天而天弗违，后天而奉天时。"我不必一一探问天的意旨和命令，我只自率己性，照着我性之所欲径直行去，天自会同意我。何以故，因我性即天所赋予故。这是我们人类最高绝大的自由。我们若明白得我之禀有此性，乃出天心与天意，我们自率己性，即不啻是依循着天心与天意。我们自可明白，此性乃我们所最该遵依，不宜有违抗。因我若违抗了我之性，这不仅是违抗了天，而且是违抗了我。何以故？因我之所以为我，正为我之禀得有此性。因我禀得了此性，遂使我异于其他一切生命，而确然成其为一我。我今率性而行，这是我在后天而奉天时，这又是我们人类最高绝大的规范。人人不该违犯此规范，同时也即是人人获得了最高绝大的自由。因此天人合一，同时也即是人生规范与人生自由之合一。此即是我上一讲所说，道的世界与理的世界之合一。我们由此参入，又可明白得性命与道理之合一了。

四

现在的问题，则在如何教人去率性？《中庸》又接着说："修道之谓教。"教人如何去率性，即在修明此道。《中庸》又说："道不离人。"在我未生以前，早有了人，便是早有了道。既是同类的人，人相同则性相同，在我以前的人，如何率性行道，已有榜样在前。把此榜样修明，便可教我们当前人如何去率性。

如人赋有双目，目能视，此能视即是目之性。因此，人赋有了双目，总想开眼向外看。若强人闭眼，不许他向外看，那他会觉是莫大的苦痛。若让他张眼看，他也自会看得见。何以人老想张眼看？何以人一张眼，便可看得见？在中国人说，此即是人眼的天性要如此，人眼的天性能如此。

犬牛也有双目，犬牛之目也想看，也能看，但与人不同。因犬牛目中所见与人有不同，人目所见，既与犬牛所见大不同，这即是人性与犬牛之性不同。此在中国古人，则称之为"目之明"。明即指其能视。所谓能视，若深言之，则包涵有正视义。正视谓其看得正确。人之双目因能正视，看得正确，把宇宙间一切道理都看出了。而犬牛之目则仅能看，却不能正确地看。因此宇宙间一切道理，都在犬牛目中忽略过。犬牛所见，只是一些物，与人所见大不同，则等于没有看。

人之双目虽能正视，却也未必人人能正视。当知天赋人以双目，赋人之双目以能视之性，此乃天之道。人既禀得此双目，禀得此双目能视之天性，人还须自己尽量发挥此天性，发挥到最高度，即发挥出目能视之最高可能，此之谓"尽性"。尽性则属人道，非天道。正如政府派出一全权代表到外国去办交涉，此是政府事。至于此一全权代表，如何克尽厥职，把此项交涉办妥，那是此全权代表之事，非属政府事。

在先早有人，他把双目能视之天性发挥出，他不仅能视，而且能正视，看出天地间许多道理来。后人继续他，修明此道，跟着他的道路继续向前跑，于是因于目之能正视，而我们才懂得目该向正处视。因此目能视，该包括有两义：一是正视，一是视正。所谓视正，亦即非礼勿视义。当知非礼勿视并不是一句消极话，并不重在禁人视，实在是一句积极话，教人如何视，该向何处视。目能视，能正视，能非礼勿视，此始是目之明。若明字，只说是看得见，犬牛之目一样能看得见，但所看见者有限，断不能与人比。因此我们说，明是目之性，此乃专指人类之双目言。若一切生物同有双目，只能说目之性能视，却不能说目之性是明。

天赋人以两耳，耳能听，而且能正听，能非礼勿听，能听出宇宙间一切有意义、有价值、合道理的声音来，此之谓耳之聪。聪则是耳之性。

耳目视听，乃天之所以与我者。我能尽量发挥，用双目来看出宇宙间一切有意义、有价值、合道理之形形色色。用两耳来听到宇宙间一切有意义、有价值、合道理的种种声音。此之谓尽耳目之性，此之谓极视听之能事，如此而达聪明之极点，则已超出乎人之常情，而可以上侪于神明。换言之，则是上合天德了。所以说：聪明正直之谓神。这并不是说，宇宙间，在人类之外另有神的存在，这乃是即人而为神，即人之聪明而成为神。人只须率性而行，尽其性，极视听之能事，达于聪明之极，无邪无枉，正正直直地向这条路发展前进，便即是尽了人的可能，而人即成为神。

天之所与，则并不限于耳与目。人之一身，五官百骸，手足四肢，全是天所与。人身每一官骸，每一机能，各具一可能之性。人若能如上述之耳聪目明般，把凡天之所以与我者，一一尽量地发挥，一一发挥出此各各性能之最高可能而使之无不达于极，此始谓之尽性。其实尽性工夫也并不难，只在能"践形"。所谓践形者，人之一身，具一形，必具一性。人能将此天所赋与之形，一一实践，而尽量发展出它的最高可能性来，此即是践形，也即是尽性了。

五

说到此处，大家或许会发出疑问说：人只是一个人，哪能如我上所说，把耳目手足，五官百骸，割裂破碎，逐一分项，来做践形的工夫呢？那是不错的。当知人之耳目手足，五官百骸，综会起来，则集成了一个心。心固是形之主，但心亦不在形之外。禽兽动物，都有身有形，但不一定有心。纵说它有心，也决不如人心之灵。所以孟子说践形，又要说尽心。其实尽心仍得从践形上做工夫。践形工夫做到综合高明处，便是尽心工夫了。目能视，须正视。耳能听，须正听。在视听上做工夫，是践形，同时亦即是尽心。所以说："尽心可以知性，尽性可以知天。"天赋与我此性，若我不尽量发挥我性到最高可能之极限，我即无从知天心天意之终极之所在。要尽性，则须尽心。要尽心，则须践形。因践形是具体可说的，尽心则微妙了，尽性更微妙。急切无从说，则先从践形尽心上说起。

人同有此形，人同有此心，尽心践形，应该人人能知亦能行。如人饿了想吃，便须吃，此是践形。但吃多吃少，吃快吃慢，身体觉得不舒服，便知须饮食有节，这便由践形转进到尽心工夫了。婴孩因知吃奶，遂知爱其母，幼知孝，长而知弟，孝弟之心，似乎已超越出身与形之外，但推原本始，何尝不从此身此形之最初需要来。只因人心有灵，才能径从饮食直进到孝弟，于是由饮食之道一转却转进到孝弟之道上去。这一步迈开来，人和禽兽相殊得远了。也有些禽兽，有时像近于孝弟，但人心之灵又一转，却从修身转到齐家，转到治国平天下，那就愈转进愈远，与禽兽之道，相差不知其几千万里了。但最先则还从饮食之道起，哪有人不知饮食之道的呢？因于人心有灵，只要正正直直地由此上达，便转出许多花样来。但这些花样，归根到底，我们只能说它还是出于人类之天性，并不曾在人类天性外增添了些子。换言之，人心之灵，这即是人心内在自有之天性。所以中国俗语常说性灵，又说灵性，这只是说心之灵即心之性。因此孟子才又开始发挥他的性善论。性之善，心之灵，此是中国人对人生之两大认识，亦可说是两大信仰。而此两大认识与两大信仰，在孔子实已完全把它揭露了。孔子《论语》常提到"仁"字，此乃孔门教义中最重要的一个字，其实"仁"字已包括了心灵与性善之两义。

六

说到这里，或许大家仍要发疑问，说：人心之灵，人性之善，我们纵然承认了，但芸芸众生，距离我们的理想境界，毕竟还太远，纵说人皆可以为尧舜，但毕竟圣人五百年一见，这又为什么呢？为要解答此问题，让我们再回想上一讲所论的道世界。在中国人看来，道世界是极宽大、极活动的。有天道，同时有人道，天只赋予人以那一个至善之性，至于如何率性尽性而直达于至善，则属人道一边，有待于人类自身之努力。因此，人同此性，性同此善，是天道。天只普泛地赋予人以那可能，而如何善尽我性，如何尽量发挥此可能，则是人道。人道则需由个别做起，不由普泛获得。

若论做，则人人能做。这真是一条坦易宽平的大道。如饮食，岂不是人人能之吗？但要做到尽，人道做到尽头处，便与天道合一了，那则虽圣人也做不尽。《中庸》上又说："尽己之性，可以尽人之性；尽人之性，可以尽物之性；尽物之性，可以赞天地之化育。"天之化育万物是天道，人之尽己性以尽人性物性而赞天地之化育是人道。天道只开一始，却待人道来完成。天道着手在普泛的一边，人道着手则在个别的一边。"人皆可以为尧舜"，是天道。"有为者亦若是"，乃始是人道。若天道侵越了人道，一开眼，满街都已是圣人，人一生下地，便早是圣人了。身无有不修，家无有不齐，国无有不治，天下无有不平，则此世界不再需要有人道，而人道于是息。惟其天道只开一始，所以是悠久不息的。若天道一开始便把终极点也做尽了，则不仅人道息，而天道也随而息。中国人的想法则不如此。人还得尽人道。天只与人以一可能，人如何完成此可能，则留待人去做。此事人人能做，却永远做不尽。此是天所赋予人的一项大使命，此项使命人人能担当，却又永远担当不了。这是中国人想象中天道人道合一相通之巧妙神奇处。

七

说到此处，关于性的一边的话，已说了一大概。让我们再把此一套中国人的想法，来与世界其他民族对此一问题之想法先略作一比较。首先说到耶稣教，耶稣教义主张人类原始罪恶论，人类祖先因犯了罪恶才始降生为人类，因此人类非皈依上帝，皈依耶稣，将永不得赎罪与获救。而若果赎罪获救了，则人类罪恶消尽，回归天堂，那世界也绝灭了。中国人想法与此想法之不同处，在认人类降生，它即担负了一个大使命。这一个使命是至善的。而天又早已赋予人以完成此至善之使命之可能的本质了，因此人得自己放手做去，即人心亦即是天命。天命无终极，人心也只有永远地向善，向至善之境而永远地前进。

其次说到佛教，佛教教义之中没有一个造物主，如是，则此宇宙万物因何意义而出现，因何意义而存在？佛说那些只是些机缘，机缘凑合则只是偶然的，因此佛法看世界是虚幻不实的，终极是一个涅槃。一切有情是无明，一切存在是执着。在佛法中则只论真假，不再论善恶。因此佛法说性空，世界毕竟须回到涅槃境。尘世则如大海生沤，偶然地显现。人须仗自力来超拔，此乃佛法与中国思想之相通处。但此世界毕竟该有一意义，并非毕竟空。则毋宁说中国思想在此处，又较近于耶教。

其次再说到近代的科学。近代科学所着眼处，若就我上一讲所说，则它只着眼在理世界，不再理会道世界。因此在科学眼光中，此世界也无所谓善恶。人类只求能运用理智识破此世界，把此世界识破了，人类便可为所欲为，更莫能奈之何。因此科学对人类可说有使命，而人类对宇宙，则似乎不再有使命。只求人类能战胜自然，克服环境，这是科学对人类的使命。人类凭仗科学，把人道克制天道，把人来做宇宙主。岂不是人类对宇宙，由科学家想法，更没有什么使命吗？但在中国思想里的所谓尽物性，重要是在赞天地之化育，此宇宙则还得别有一主宰，此是中国思想与近代科学观点之不同处。

八

继此我们将讲到性命之"命"字。"天命之谓性"，人性即由天命来，那岂不性命一致，更不须区别吗？这又不尽然。因天命是普泛的，人性善是天所命，则父慈子孝皆天命。但由人道论，慈父不一定遇到了孝子，孝子又不一定遇到了慈父。如舜是大孝，而父顽母嚚，并不慈。当知顽嚚是人一边的事，天则同赋以善性，但舜之父母则不率其性之善而走上了顽嚚之路。若舜因见父顽母嚚而以不孝来报复，那便是不知命。所谓知命，同时有两意义。一当知，我之孝，乃出自我之天性。此乃天所赋我之使命，在我为不可背。何以说我之孝，出天性？此反躬自问而可知。我若反躬自问，我对父母孝，我之所以具此一番情感，是否是真情感？若是真情感，则即证其出自天性了。若不反身向己看，亦得张眼向人看。纵使不见世间人人对父母都有此真情感，而有些人，如舜，如周公，如晋太子申生，如闵子骞，却多有此真情感。既属大家是人，人属同类，则因于舜与周公与申生与闵子骞，而知人人可有此孝心发现之可能。今再问人又为何而不孝？如遇父顽母嚚，觉得此父母不值得我孝，故不孝。可见不孝心由因缘起。换言之，则是有缘故的。照佛法讲，因缘法不实，一切有缘故而起的都是不真实。因若父母回心转意，不再顽嚚，他转而为慈父母，那时我也许会感动，也许能成为一孝子。可见我原先之不孝，并非真实由于我，而乃由于种种外在之因缘。世界一切恶，皆由因缘生。但可以有无因缘之善。如舜，虽遇顽父嚚母还是孝。舜之孝，无因缘可说。因此，恶是缘生的，外起的。善是内在的，自生的。我们便说是天性善。

但我们也可说，人之孝行出于师法与教育，人类一切善行皆由师法教育中培养来。但我们得再问，师法教育又是由何开始呢？舜之时代在上古，那时社会还不见有师法与教育，故孟子说："舜之居深山之中，与木石居，与鹿豕游。"然则谁教给舜以一套孝的道理呢？所以人类一切善行，若追溯其最早原始，决不是受人强迫的，也不是经人诱导的，而是自性自行的。换言之，则是一个无因缘而自起的天性之真实。因此，自性自行，是一绝大的自由，同时也是一绝大的束缚。人类一切束缚皆可求解放，只有自性自行那一种最大的自由，它在束缚人，人不该再向它求解放。中国古人则指说此一种再无从解放者曰"命"。

但人有知命，有不知命。舜之父母因于不知命，在其自性之善之慈之外，蒙上了一层世俗恶习——顽与嚚。这一套世俗恶习，则是有因缘凑合而起的。圣人知命，则不仅知自己之必当孝，又知父母之必当慈。而我父母之所以成为不慈者，因有种种因缘凑合，因缘凑合，并不是天所命，而世俗也一例称之曰命。我父母遭遇此种非命之命，而不能摆脱不能自由，我只该对他们同情，对他们抱怜悯心，抱慈悲心，却不该对他们起敌对心、仇恨心与报复心。此亦是知命。如此则舜因尽己之性而同时便已尽人之性了。中国人说，天下无不是的父母，应该从这里讲进去。换言之，则是天下无不善之人，因此孝子不待于父母之感格，而早已尽了父母之性。因此说尽己之性便可以尽人之性了。

人不仅当孝于家庭父母，还当忠于世界人类。但世界人类并不忠于此一人。若此一人是圣人，他当知，世界人类所以不忠于我者，自有种种因缘，此种种因缘，在中国古人则也说它是命。

照理，天赋人以善性，人能率性而行便是道。则大道之行，是极为自然而又是当然的，而且也是必然的。但大道终于有时不行，这又是什么缘故呢？在圣人知命者，则说是命也。因大道既本于人性，故说道不远人，则照理应该没有人反对道。道既合于人类天性之普遍要求，而又是尽人可能者，而终于世界有无道之时，行此大道者，终于所如不合，到处行不通，这又为什么呢？中国圣人则说这是命。若用佛家术语说，则其中有种种因缘，而那些因缘，又未必尽为人所知。所可知者，则其中必有种种因缘而已。圣人知道了此一层，认为此是命。

如上所讲，中国古代思想中所谓命，可涵有两义。一是命在我，使我不得不如此做。一是命在外，使我如此做了却不一定做得通。孔子所以知其不可而为之，此乃孔子之知命。让我再举一浅例，如政府派我出国办理一交涉，我的使命我知道，但我所要办交涉的对手方，我可不知道。孔子曰："知之为知之，不知为不知，是知也。"我们必该同时知道此两面。在庄子书里，也常讲到这些话。只因庄子太注重在命之在外而不可知的一面，对命之在我而可知的一面，没有能像儒家孔、孟那般把握得紧。因此，孔、孟与庄周，同样是乐天知命，而孔、孟更积极。孔子说："不怨天，不尤人，下学而上达，知我者其天乎！"天赐给人类以至善，连我亦在内，我得此至善之性于天，我对天复何怨？至于人之不善，因其牵累于种种外在因缘之故，今我独幸而能摆开了此种种外在因缘，我当自庆幸，而悲悯人，那于人又何尤呢？我则只在我所知所能的一面尽力，此之谓下学。但由此上达，即面对着整个的天命。世人因其牵累于外在之种种因缘而不我知，那只有天，该能知得我。这是孔子的一番乐天知命之学，这正代表着东方中国人一种最崇高的宗教精神呀！

九

上面所讲，算把古代中国人对于"性""命"两字的涵义，约略都说出了。性命即是人生，上面已说过，因中国古人看人生，不专从其所赋得的生命看，而进一步从所赋得的生命之内在本质及其应有可能看。换言之，即从生命之内涵意义与其可有价值方面看。而且不仅从自己一面之努力与奋斗进程看，还从其奋进历程之沿途遭遇及四围环境看。这是古代中国人的性命观，而它已包有了全部的人生观。

但上面所讲，实则偏重在道世界的一部分，因此挟带有一种极深厚的宗教情绪，教人积极地向前。后代中国人，渐渐转移目光到理世界。用近代术语讲，此乃一种科学精神逐渐换出了向来的宗教情绪，因此后代中国人对"性命"两字的看法，也连带有些处和古代中国人不同。在古代中国人意见，命有一部分可知，一部分不可知。可知者在己，在内。不可知者在天，在外。人应遵依其所知而行向于不可知。人人反身而求，则各有其一分自己可知的出发点。人生如行黑暗大旷野，只有随身一线灯光，但凭此一线灯光所照，四周黑暗则尽成为光明。行人即可秉此勇敢向前。行到哪里，光明即随到哪里，四围黑暗都驱散了。而此一线光明，则人人皆具，因此人人尽可有光明。但若要驱散此大旷野中全部黑暗，则无一人可能。此是性命之古义。但人总想多驱散些四围黑暗，于是不向自身求光明，而转向外面去求光明。后代中国思想，便逐渐有些转移到这一面。

宋儒说："性即理。"此语与"天命为性""率性为道"有不同。显然一面注重在道世界，一面注重在理世界。人当自尽己性来明道，此是中国古代人观点。人当穷格物理来明性，此是中国后代人观点。他们说"性即理"，此"理"字包括了一切物理，如柴胡性寒，附子性热，一切药理便即是药性，理既前定，则性亦前定。换言之，后代中国人言性，已偏重在其本质上，因其本质如此而才始有可能。这一转变，即从本质到可能，与从可能到本质，却可演绎出许多绝大的不同来。若注重可能说，率性始是道，而道之不行则在命。现在则说性自始即是合理的，不待尽性而性已是至善的。

然则人间何以有种种的不合理事出现呢？后代中国人则归罪于人身附带了许多欲。本来人身五官百骸，每一官骸即代表着一种欲，如目欲视，耳欲听，手欲持，足欲行。人生即是百欲之集合体。宋儒称此为气质之性，气质之性是落在身体物质之内以后的性。在其未落到身体物质之内之前，他们认为这才始是天地之性。换言之，理先在故性亦先在，他们认为只有天地之性才始是至善，待其一堕落到气质中，便不免有善又有恶。在其未落实到气质以前，此宇宙如一光明琉璃世界，竟体通明，是一大至善。一切恶则在气质上，在人身上。人身自阻碍了此光明。外面光明给阻塞了，透露不过这身，人身则如一团漆黑。毛病则生在人身之有许多欲，故须变化气质，把气质之性反上去，再反到天地之性之至善境界去。

这一说，把"天理"与"人欲"对立起来，似乎带有更严肃的宗教气。但宋儒重于讲天理，天理是先在的，而且是可知的。伊川说："理者天之体，命者理之用。"如是则把古代中国人的天命观念全变换了。宇宙只是一个合理的宇宙，宇宙不能有丝毫多余越出于理之外。故说理者天之体，这明明是把"理"字的观念来代替了古人"天"字的观念。换言之，则除理之外更没有所谓天，如是则哪会有天之命。因此说，命只是理之用。这样一来，把命的观念也绾结到理的观念下，命不再是不可知之天在赋予人以某种伟大的使命，而变成只有人生一些外在偶然的遭遇，与一切气质上的限制，才算是命了。这一种遭遇与限制，当然仍是理的作用。但理则无意志，无情感，只是一种生硬的、冷静的，老在那里规定着一切。即使有上帝，也莫奈之何的。于是理既是静定的，而命也是静定的。硬绷绷，没生气。而人性物性，也一切全是理。

此处可悟宋儒所谓"万物一体"，这一个大全体则便是理，理是天之体，自然也便是万物之体了。人的地位，在此理的观念之中，则与万物成为一体了，如是则人性也好像只是生硬的、冷静的，没有情感与意志羼杂进，因此程伊川要说人性中哪有孝弟来。如是则宇宙只是一个合理的宇宙，而人生也只该是一个合理的人生。宇宙原始出自理，原始合下本来是一个合理的，待其降落到具体事状上，因为羼进了气质，羼进了人的私欲，才致不合理。理是一个大全体，是公的，所以称"天理"。欲则发于各个体，是私的，所以称"人欲"。但天地间一切气质，推原究竟，仍还是出于理，理亦仍还附随于气质而呈现，为何一落气质便成为有善有恶，而走失了纯理的原样呢？这一层，在宋儒没有妥适的解答，所以要招来后儒之抗议。

十

现在再综述上说。人生在道的世界中，是该前进的，该有人的意志与情感的成分羼进，向理想之道而奋斗，而创辟。但人生在理的世界中，则只是回顾的，是返本复始的，不再需有人的意志与情感。所谓率性行道，其先行工夫则在格物穷理上。因宇宙与人生，全给此理预先规定了。故人生至要，在格穷得此理。这一种的性命观，似乎把古代中国人思想，尤其是孔、孟思想中所带有的一种深厚的宗教情绪冲淡了。

但宋儒讲学，仍不脱有极严肃的宗教气，这为什么呢？因宋儒思想中，已羼进了、染上了许多魏晋以下道家与佛家的思想在里面。道家是一向向往于返本复始的。佛教的涅槃境界，亦是一种宇宙开辟以前的境界。道佛两家，虽形成为中国社会的两宗教，但他们的教理中，都不信有上帝和造物主。反而孔、孟儒家，还没有把古来素朴的天帝观念破弃尽。但古儒家的宗教情绪，是积极奋斗向前的。而道佛两家教理，则教人静观清修，意态偏近于消极。他们的理想，不在积极向前，开辟新道，而在回头转身，归到宇宙的原始境界去。在宇宙的原始境界里，根本便没有人类之存在。而在此宇宙中，又没有一位上帝在创造，在主宰，如是则人类只是偶然地出现而存在。因此，道佛两教对于此人类之偶然出现而存在，并不承认它有代表着宇宙开展向前之一项大使命，而人生现实，则变成是终极无味的。

宋儒刻意要扭转这一个观念，他们仍要建立起人生的积极意义来。他们把一个"理"字，来替出了道家之"无"与佛家之"涅槃"。他们因此承认宇宙是一个合理的宇宙，则人生也该是一个合理的人生。其出现，其存在，都有理。其所以要修身、齐家、治国、平天下，也都全有理。但把人之所以要修身、齐家、治国、平天下的一段心情，却轻轻放过了，而但求其合理。理则是外在而先定的，中间插不进意志与情感，如是则理想的人生中，岂不也用不到情感与意志。宋儒似乎把一"欲"字来替代了人的情感与意志一切动进的部分了。如是则人生只求合理，便成为一个终极静定的人生，在人生中减轻了人自身之主要活动。他们所谓的人性，也只偏重于人性之本质，而忽略了人性之可能。古儒家从人性可能来讲人性本质，而宋儒则倒转来从人性本质来讲人性可能。此一转向间，情味精神都不同了。周濂溪提出"主静立人极"的主张，为此后理学家所承袭。如是则人生中，缺少了人自身的活动，于是激出陆、王一派，要重把人自身的成分加重。因此陆、王讲学，都必推尊到孟子。

十一

说到这里，另有一点须分说。宋儒讲格物穷理，又与近代西方新科学兴起后的人文精神有不同。因西方新科学兴起，乃在他们文艺复兴之后，他们正从中古时期耶教教理中脱出，他们要由灵魂回返到肉体，高抬人的地位，重视现实人生。因于新科学发现了种种物理，把物理看明白，正好尽量发挥人生欲望，一意向前，无限向前，来克制自然界。因此近代西方，科学发明，只供现实人生作利用。换言之，科学发明是工具，是手段，科学为奴不为主。中国宋儒则先认定宇宙原始是一个理，而人生开始，一落实到气质上，便有些不合理。把人生认为自始有不合理，而努力求向于合理，此乃宋儒思想中，仍带有宗教性之处。所以认为人生自始即不合理，此乃受道佛两家的影响。所以仍主张宇宙原始合理，而人生必回归于合理，则由古代儒孔、孟思想中转化来。因此宋儒格物穷理，乃是把理来作一切之主宰，他们把人文道德与自然物理，一并用一个理字来包括。研穷物理，并不在供人利用，正为要发现出人性本质，来指示人生所应有之一切规范。因此，近代西方科学是"明理以达欲"，它的终极精神是动进的。而宋儒格物穷理是"明理以克欲"，它的终极精神是静退的。

近代西方科学精神，用来供人生之驱遣，其毛病则出在如宋儒所指出的人欲上。他们无法对人欲施以节制与规范，而只想用科学来满足人欲。不幸而人欲到底有无可满足之一境。最近西方思想界，正想再回头到耶教教理上来补救此缺陷。但在西方思想中，科学与宗教，显然是分道扬镳，各不相顾的。能否重振耶教教理来补救此科学世界中之人欲横流的现象呢？此在近代西方思想界，正是一该努力探讨的大问题。若如所谓科学的历史观，他们也想把自然科学界所发明之一切律令来律令人生界。人生是唯理的，是一切前定的，因此人生只许有公，即群众与阶级，而不许有私，即个人与小社团。公的便是理，私的便是欲。把公来克制私，把理来克制欲，这是宋儒所最郑重提出的。但宋儒是要每一个人从其自心内部之代表公的理的部分，来自己用力，来克服他自心内部之代表私的欲的部分，那仍是属于个人自身自心事，仍是属于个人之道德范围、自由范围内。现在则在人的外面，用群众来抑制个人，这是一种社会的、外力的，从高压下。因此宋儒仍不脱宗教性，而近代西方之唯理论者（在他们则自称唯物论者），则转成政治性。清儒戴东原著《孟子字义疏证》一书，力排宋儒所主"理欲之辨"，认为是意见杀人。其实宋儒主张，并不如戴东原所斥。但现在的极权政治，却真如戴东原书中所斥的以意见杀人了。

我们根据上述分析，因此说，后代中国人思想，虽和古代中国人思想有不同，但还不失其有传统上的一贯性。还是在尊重人性，还是在主张个人之自性自行之最高自由。这一层，是宋儒程、朱所以仍不失为古代儒家孔、孟传统之所在。

第三讲　德　行

一

上面我们已讲过了两次，一次讲的是"道理"，一次讲的是"性命"。道理是从外面讲，性命是从内部讲。

若我们向外面看世界，可有两种不同的看法，一是看成为一个"道的世界"，一是看成为一个"理的世界"。道的世界是正在创造的，理的世界是早有规定的。实际世界则只是一个，我们可称之为"道理合一相成"的世界。道的世界是活动的，但其活动有范围，有规定。理的世界是固定的，但在其固定中，仍容有多量活动之余地。

我们讲道理，主要是讲一种宇宙观。讲性命，则主要在讲人生观。

人生也可分两部分来看，一部分是性，人性则是向前的、动进的，有所要求、有所创辟的；一部分是命，命则是前定的，即就人性之何以要向前动进，及其何所要求，何所创辟言，这都是前定的。惟其人性有其前定的部分，所以人性共通相似，不分人与我。但在共通相似中，仍可有各别之不同。那些不同，无论在内在外，都属命。所以人生虽有许多可能，而可能终有限。人生虽可无限动进，而动进终必有轨辙。

上面两讲，一属宇宙论范围，一属人生论范围，大义略如此，但所讲均属抽象方面。此下试再具体落实讲，将仍分为两部分。第三讲的题目为"德行"，此一讲承接第二讲，为人生界具体落实示例。第四讲的题目为"气运"，承接第一讲，为宇宙自然界作具体落实之说明。

二

中国思想与西方思想有一极大不同点。西方有所谓哲学家，但中国则一向无哲学家之称。西方有所谓思想家，但中国也一向无思想家之称。若我们说，孔子是一个哲学家，或说是一个思想家，在我们终觉有些不合适。这一点心理，我们不该忽略与轻视，因在此上，正是中国思想与西方思想一绝大不同之所在。

我们中国人，一向不大喜欢说：某人的哲学理论如何好，或某人的思想体系如何好，却总喜欢说某人的德行如何好。这一层，我们可以说，在中国思想里，重德行，更胜于重思想与理论。换言之，在中国人心里，似乎认为德行在人生中之意义与价值，更胜过于其思想与理论。这一层意见之本身，即是一思想。它的理由何在？根据何在呢？这值得我们来阐述，来发挥。

我们也可说，上一讲"性命"，是讲人生原理。这一讲"德行"，是讲人生实践。但"德行"两字，也该分开讲。让我们先讲"德"，再次讲到"行"。

三

德是什么呢？中国古书训诂都说："德，得也。"得之谓德，得些什么呢？后汉朱穆说："得其天性谓之德。"郭象也说（皇侃《论语义疏》引）："德者，得其性者也。"所以中国人常说德性，因为德，正指是得其性。唐韩愈《原道篇》里说："足乎己，无待于外之谓德。"只有人的天性，自己具足，不待再求之于外，而且也无可求之于外的。但如何是所谓得其天性呢？让我们再逐一细加分说。

原来人生是得不到什么的，是到头一无所得的，也可说人生到头一场空。死了，能带些什么而去呢？人生必有死，所以说到头一场空。且莫说死，在其生时，我们又能得到些什么呢？仔细讲来，还是无所得。就常情说，人生总该有所得，让我们且分几方面来讲。一是得之于当世。上面我们已讲过，人生即代表着许多欲望，如目欲视，耳欲听，人身上每一器官，即代表一欲望，或不止代表一欲望。如人的口，既要吃，又要讲话，至少代表了两欲望。人身是欲望之大集合，满身都是欲望。欲望总想能满足，可是某一欲望之满足，同时即是某一欲望之消失。因此一切享受皆非得，如吃东西，又要吃美味的东西，但只在舌尖上存留不到一秒钟，咽下三寸喉头便完了。食欲味觉是如此，其他欲望又何尝不然呢？立刻满足，即立刻消失了。孟子说："饮食男女，人之大欲存焉。"人类要保持生命，有两大条件，即饮食与男女。因此饮食男女成为人生基本两大欲。我们诚该有饮食，诚该有男女。但如色欲，又能得到什么呢？岂不仍是同时满足，也即同时消失了么？

人生在世，总想获得财富，但财富是身外之物。若说凭于财富，可以满足其他欲望，则一切欲望既是在满足时即消失了，那不还是到头总是一无所得吗？权力更是间接的，地位又是间接的，名誉仍然是间接的。人有了权，有了位，有了名，可以有财富，有享受。孔子说："君子疾没世而名不称。"那是在另一意义上讲的话。若就名誉本身论，寂寞身后事，身后是非谁管得？满村听说蔡中郎，流芳百世与遗臭万年，在已死者本身论，同样是寂寞，岂不是丝毫声音也进不到他耳朵里了吗？若说建立功业，功业在满足其他多数人欲望，在建功立业者本身，至多因建功业而获得了财富、权力、地位与名誉，如上所分析，他又竟何所得呢？而大多数人欲望之满足，岂不还是在获得之同时又消失了？所以人世间一切功业仍还是一个空。佛教东来，即深细地发挥了此一义，佛学常语称之为"毕竟空"。人生一定会落到毕竟空，而且人生自始至终，全落在毕竟空的境界里，这是谁也不能否认，谁也没有办法的。佛家教人真切认识此境界，然后能安住在此境界中，这即是佛家所谓涅槃境界了。其实涅槃境界，还是一无所得，还是毕竟空。只是人不了解，硬要在此毕竟空的境界里求所得，硬想满足自己一切欲望，这便形成了人生种种愚昧与罪恶。

佛家在此一方面的理论，实是大无畏的、积极的、勇往直前的。他看到了，他毫不掩饰隐藏，如实地指出来。耶教又何尝不然呢？耶教教理说人生原始是与罪恶俱来的，要人信耶稣，求赎罪，死后灵魂可以进天堂。天堂纵或与涅槃有不同，但此眼前的现实人生，岂不也如佛教般认为是毕竟无可留恋吗？耶稣上了十字架，是不是他得了些苦痛呢？是不是他得了一个死刑呢？那些毕竟是一个空。苦痛也罢，死刑也罢，过了即完了，而且是当下即过，当下即完的。因此这些都不足计较。大凡宗教家看人生，无论古今中外，怕都是一色这样的。

为何中国人不能自创一宗教？为何宗教在中国社会，终不能盛大风行呢？为何一切宗教教理，不能深入中国人心中呢？正为中国人看人生，却认为人生终是有所得。就普通俗情看，说中国人是一种现实主义者，但深一层讲却并不然。中国人心中之所认为人生可以有所得，也不是指如上述的一切现实言。而中国人心中则另有一事物，认其可为人生之所得。这一事物，也可说它是现实，也可说它非现实。让我再进一步来申说。

四

中国人认为人生终可有所得，但此所得，并不指生命言。因生命必有终了，人生终了必然有一死，因此生命不能认为是所得。至于附随于此生命之一切，更不能算是有所得。此一层，中国古人也看到，只没有如其他宗教家般彻底尽情来描述它。因在中国人心中，认为在此生命过程中，人生还可有所得，而求其有得则必凭仗于生命。因此中国人对生命极重视，乃至附属于生命之一切，中国人也并不太轻视。孟子说："食色性也。"饮食男女既为人生所必需，并可说此乃人生本质中一部分。因此在人生的意义与价值内，即包括有食与色。孟子说性善，连食色也同是善，此乃人生之大欲，人生离不开此两事。食色应还它个食色，不该太轻视。孟子又说："可欲之谓善。"食色是人生中可以要得的两件事，而且是必需要的两件事，因此也是可欲的，哪能说它不是善？但人生不能尽于食色而止，食色之外，更有较大的意义与价值该追求。人生欲望有些要得，有些要不得。饿了想吃，是应该的，是可欲的。但若专在吃上着想，求精求美，山珍海味，适成为孟子所说的饮食之人，好像人一生来只专为的是吃，那就要不得。

我们既说是要得的，我们便该确实求有得。如饿了想吃便该吃，而且须真个下咽了，进到胃里消化着，这才是真有所得了。故孟子又说："有诸己之谓信。""信"是说真的了。真有这一回事，真为我所得。如在我面前这一杯水，我须拿到手，喝进口里，真的解了我之渴，这才是有诸己之谓信。画饼充饥，望梅止渴，既非真有诸己，便不是信。

孟子又接着说："充实之谓美。"譬如吃，若饿了，吃得一口两口，譬如饮，若渴了，喝得一滴两滴，不解我饥渴，那还不算数。人生凡遇要得的便该要，而且要真有得，又该得到个相当的分量。如见一块羊肉，那不算，须能真吃到那羊肉。而且只吃到一丝一片，尝不到羊肉味，仍不算。必须成块吃，吃一饱，我们才说这羊肉味真美。美是美在其分量之充实上。如路见美女，瞥一眼，觉她美，便想和她能说几句话，成相识。相识了，又想常交往，成朋友。友谊日深，又想和她能结合为夫妇。结合成夫妇了，又想能百年偕老。甚至死了，还想同葬一穴，永不分离。这才是美满。常俗所言美满，即是孟子所谓之充实，此乃圆满具足义。故不满不充实者即不美。

诸位或许会生疑问，孟子所讲，乃指德性言，不指食色言。然当知食色亦属于德性。德性有大小，有深浅，然不能说食色非德性。中国古人讲人生，特点正在如是般浅近，不仅是大家懂，而且大家正都在如此做。由此基点，再逐步推到高深处。因此其所说，可成为人生颠扑不破的真理。宗教家讲灵魂，讲上帝，讲天堂，讲西方极乐世界，讲涅槃，这些在真实人生中，并不曾实现，并不能实有诸己，更如何去求充实。凡各派宗教所讲，只要确能在真实人生中兑现者，中国人则无不乐于接受。但遇不能证明，不能兑现处，中国人便不肯轻信。宗教必需得信仰，但都是信其在我之外者。而中国人则求其能真实在我之内，真实有之己，才说是可信。

因此中国人讲人生真理，不大喜欢讲信仰，而最喜讲体验。体验是实有之己，当下可证可验，要不信而不可得。然后再在这些可证可验的事物上求充实，求满足，求推扩，求进步。

充实之不已，便会发生出光辉。如电力充实了，那电灯泡便发光。人生发出光辉来，向外照射，这光辉超越了他自己，可以照得很远，把他的生活圈放大了，这才叫作大。故孟子又接着说："充实而有光辉之谓大。"人生到了大的境界，便会对内对外发生多样的变化来。让我再作些浅譬，如一人，饮食充盈，肌肤润泽，便见容光焕发，那即是身体内部充实而发有光辉了。又如一家和睦，夫妇好合，父慈子孝，兄友弟恭，家业隆起，博人涎羡，那即是此一家内部充实而发有光辉了。当然，上引孟子所指，并不在饮食上，不在男女上。孟子所指则指人之德性言。人能在德性上发出光辉，才始是大人。但德性并不是神奇事，人人具有，人人生活中皆具见有德性。我们不妨先从浅处说。当知愈浅便愈真，人生真义却正在那些浅处。

大了才能有变化。孟子又接着说："大而化之之谓圣。"此所谓化，不论内部与外部，因其光彩烛照，可以随意所之，发生种种的变化。这是中国人的理想人生到达了最高的境界，那便是圣人了。既是大而到了能化的境界，化则不可前知。因此孟子又说："化而不可知之谓神。"此所谓神，并不是超出了人生界，到另一世界去。其实则仍只是一个人，仍在此人世界，只是人到了圣的境界，而不可前知了，我们便说他是神。这是人而神，所以中国人常爱说神圣。

五

让我把孟子这番话，再重复说一遍。人生到这世界来，一张眼，五光十色，斑驳迷离，我们该首先懂得什么要得，什么要不得。其次，要得的便要，要不得的便不要。第三，要得的便该要得充足无缺陷。第四，要得充分圆满具足，到那时便能大，便能有变化。如何说充实具足便能大，便能有变化呢？譬如山高了，便生云气。水深了，便起波澜。人生坠地，赤裸裸，一切欠缺，尽向外求充实。最先是饮食，其次是男女。当他永远在向外寻觅一些来补充自己赤裸裸一身之所缺，那他的人生永远限于一个身。人生只是身生，又和禽生兽生有何分别呢？但到他成人了，成家了，生男育女了，那不仅是向外有所取，而且是向外有所与，他的人生已不限于身生，他的生活圈放大了。他的满身精力已化为光彩，向外发射了。所以他以前是一个小人，此后则成为一大人了。小人指其生活在小圈子而言。小圈子的生活，我们称之为身生。大人指其生活在大圈子而言。大圈子的生活，我们称之为人生。小人生活，则专想把外面一切来充实其身生。大人生活，则把身来供献与人社会。把身来供献给人社会，遂于此见德性，于此发光辉。如是，则大家把他的生命光彩放射到外面去，在人社会中交光互映，自然会生出种种的变化。

人生若能照此指向，不走入歧途，人人能在充实的生命中，发越出光彩。光彩愈放愈大，只要他光彩所到，那里便化成为光明。

在他个人，是一个大人，是一个圣人，而更进则像是一神人了。若使人人如此，便见人生之伟大，便达人生之圣境，也可希望人生之神化了。到那时，人世界已不啻是天堂，是极乐世界，是神仙下凡。既是人皆可以为尧舜，便是人皆可以成神。只由人生实践，一步一步达到了近是神，这岂不是人生还是终极有得吗？只是其所得则决不在生命外，而在由于其生命过程中所完成的德性上。

六

上一讲已说过，天赋人以性，因有此性始成其为人，亦始成其为我。由性始有德，故中国人常连称德性。如人有孝性，便有孝德。人有至善之性，便有至善之德。德又称品德，品有分类义，又有分等义。人虽同具善性，但个性不同，善可以有许多类之善。人之完成善，又可有许多等级。圣人则是至善而为人中之最高等级者。

天既赋我以善性，因此我之成德，乃得于己之内，得于我之所固有，而非向外求之而得者。惟其是得于己之内，故要得则必可得。所以说："君子无入而不自得。"又说："君子素其位而行，素富贵，行乎富贵，素贫贱，行乎贫贱，素患难，行乎患难，素夷狄，行乎夷狄。"时代环境，尽管有甚多的差别，但处此时代与环境者，则总是一个我，总是一个己。我总是向自己求，则一切时代环境外面变化，可以全不成问题。

但求而得之的究是什么呢？所谓自得，不仅是自己得之，同时是得了他一个自己，即得了一个我。试问若得了其他一切，而失了我，那样之得，又有什么意义呢？若我得了财产，我成为一富人。一旦破产了，我又成为一贫人。但贫富虽不同，我仍是我，于我则无所失。若我处安乐，我成为一安乐人，一旦陷入患难，我又成为一患难人。安乐与患难虽不同，我仍是一我，我仍无所失。但试问，所谓我者又究是什么呢？你若说，我是一富人，这不可靠。因你或许一旦会变成一穷人。你若定说你是一富人，一旦穷了，这不是失掉了你了吗？纵使不变穷，死了，财帛珠宝，带不进棺材，你仍是失掉了你。当知人之生，天赋以人之性，因其具有了人性，始成其为人，不能说有了财富安乐，始成其为人。于人之中有我，因我在人性中，又有我自己之个性，才始成为我，不是有了财富而始成为我。但个性又指什么而言呢？如舜是一大孝人，周公亦是一大孝人，孝是一种德性。舜与周公完成此德性，所以舜与周公是孝子。孝子是人生中一品目，一样色，舜与周公则确然成为一个有品有样子的人。但舜与周公，一处贫贱，一处富贵，一处安乐，一处患难，时与境绝不同，可见时境与人生实无大关系。

我要孝，我便能得孝，孝是率性，同时是立命。因我要得便可得，故说是立命。而且孝出乎人之天性，我要孝，则只是要孝，孝之外无他求。因此行孝乃当下而即是，现前而具足，报应即刻兑现，所谓心安而理得。如是则孝之德，乃是一种大自由与大自在。此种自由自在，中国人又称之为福。故又称"自求多福"，又常福德兼言。当知只有有德人，才始是有福人。

中国人又常重德不重才。因德乃求之己而无不得，因此重德便走向安与平。才则求之外而不必得，因此，重才可以走向危与不平，即乱。重德便有福了，太平了。重才便各向外面去求得，才尽大，他的生活圈，却可反成小。因此小人也可有才，却不能说他可有德。

或许人会说，舜与周公死了，岂不那孝行也完了吗？当知舜与周公虽死，但他们生前，由于他们之孝行而发越出光辉，此种光辉则常存天地间、人世间。所谓光辉，须得映照进别人心里，再反射出来，始成是光辉。富人照耀人眼者，是他的财富。财富失去，他便暗然无色了。而且，财富决不是生命，孝行则是生命本身真实的表现。所以获得财富，并非获得了生命。质言之，彼乃以生命去换得了财富。舜与周公，则以孝行获得其生命之充实。

人或许会问，若说孝获得了生命之充实，不孝与贪财，岂不同样也获得了生命之充实吗？但人谁肯自认为不孝与贪财呢？当知不孝与贪财是恶德。所以说是恶德者，因人若不孝与贪财，必深自掩藏，不肯坦白自承认。世尽多不孝与贪财人，但相互间，并不相崇敬。但孝子与疏财仗义人，不仅彼此知相慕敬，即异世人亦慕敬之不衰。世间只闻有孝子感化了不孝子，有疏财仗义人感化了贪财者。绝不闻有不孝子感化了孝子，有贪财人感化了疏财仗义人。此因孝与疏财仗义，乃人类之公心，即人之性。故人心凡具此德，便易声气相通，风义相感召，故称这样的人为大人，说他有光辉，能照耀，能把人世间黑暗也化为光明。至于如不孝与贪财，此乃出自各人个别之私心，即人之欲。既是私心各别，故声气不相通，无所谓风义感召。这样的人，老封闭在自己私心私欲的小圈子内，只称是小人。他没有光辉照耀到外面，外面光辉也照耀不透他的心。在他生时，已是漆黑一团，与外面人生大圈隔绝不通气。他死了即休，哪能说他也获得了生命之充实？

只有具公心公德的人，才是充实了生命，才可供给别人作榜样，我们称他是一个像样人，即有品有德人。只要有人类生存，只要那人生大圈存在，那些像样人，有品有德人，永远把他那样子即品德留在人心与人世间。让我举近代人作一例，如孙中山先生，他也处过贫贱，也处过富贵，又处过患难，又处过夷狄，但孙中山毕竟完成了一个孙中山，他已完成了一个大人样子。因他有品有德。今试问，孙中山先生毕生究竟获得了些什么呢？若说他留了名，则寂寞身后事，苟非有得，则身后之名又何足贵。若论他功业，他手创中华民国。他自己临死也曾说"革命尚未成功"，这也不算有所得。然则他究竟得了些什么呢？我们只能说，孙中山先生成了品，成了德，即成了他那一个人。他那一个人，已投进了人生大圈了。因此他有福了。袁世凯死而有知，必然在悔恨，但孙中山先生则无所悔恨呀！

何谓人生大圈，此语像甚抽象，却甚具体，甚真实。凡属人生小圈中事，当知皆虚幻不实，当下即成空。一切宗教家，都会指点你认识当下即空的那一套。如说安乐，你可当下否认，安乐何在呢？你这一想，当下安乐即成空。如说贫贱，你仍可当下否认，贫贱何在呢？你这一想，当下贫贱即成空。其他成功失败，一切俱如是。凡属小圈人生，俱可如是当下否定了。但在人生大圈子里，却有绝不能否定的。如说孝，在我心中真实觉得有此一番孝，在别人心里，也会真实觉得我有此一番孝，那孝便成了品，成了德，无可否认。人生中只有无可否认的，我们才该尽力完成它。也只有无可否认的，才是最易完成的，才是人生之确然有得的。

我们再具体说，人生过程，只是要做人，从头到尾，人生只是尽人事，要做人。但做人不能做一抽象人，须做一具体人。若求做一具体人，则必须做成一自己，即我。我之为我，则在我之品德上。孟子说："彼人也，我亦人也，有为者亦若是。"他能做一人，我亦能做一人。抽象说，同是一人。具体说，彼是彼，我是我，其间有不同。做人则该做到尽头处。做人做到尽头，还只是在品德上。此即孟子所谓的尽性。尽性便可称完人，所谓父母全而生之，子全而归之。全而归之者是完人，完人也即是圣人了。圣人无他异，只是做成了一个人，即自己，即我。即在我之品德上，确然完成了一人样子。

七

让我再举孟子书中三圣人作例。孟子说："伊尹，圣之任者也。伯夷，圣之清者也。柳下惠，圣之和者也。"此三人，同样是圣人，因其同样做人做到了尽头，同样有他们各别的个性。三人个性各不同，而其各自完成了一个人样子则同。立德从外面讲，从人生大圈讲，是在创造一人样子。用今语说，是在建立一个人格标准。若我们处在黑暗世、混乱世、污浊世，我们岂不盼望有一人，肯挺身出头来担责任，积极奋斗，多替那世界做些事。伊尹便是那样子的人，而他又能做到尽头处，所以说他是圣之任。在黑暗世、混乱世、污浊世，我们也盼望有人能干净，洁白，皎然出尘，污泥不染，独保其光明。伯夷便是那样子的人，而他也做到了他的尽头处，所以说他是圣之清。在同样世界里，我们同样又盼望有一人，能和平应物，与世无争，对人无隔阂，无分别相，到处不得罪人，而同时又成全了他自己，丝毫无损害。柳下惠便是那样子的人，而柳下惠也做到了柳下惠之尽头处，所以说他是圣之和。今不论是任是清抑是和，在这黑暗混乱污浊的世俗里，一人如此，便救得这一人。人人如此，便救得这世界。他们三人，已做成了异乎人人所能，而又同乎人人所求的三种做人的榜样，即三个伟大的人格来。而且要在此黑暗世、混乱世、污浊世救己而救人，也逃不出此三榜样。所以说此三圣人者，皆可以为百世师。他们是在己立立人，己达达人，行大道于天下。今天的我们，一切罪恶苦痛，正为缺少了一批能任能清能和的人。我们正该师法伊尹、伯夷与柳下惠，来完成我们自己，来救回这世界。此三人则成了三种品，三个格。此下如孟子近似伊尹，庄周近似伯夷，老子近似柳下惠。一切大人物，大概不离此三格。若求更高出的，便只有孔子。孔子乃圣之时者，他能时而任，时而清，时而和，他可以变化不测，样样都像样，所以孔子人格不仅是大而化，又是化而不可知，这真是近乎若神了。

说到这里，我们便可明白春秋时叔孙豹所谓人生之三不朽。不朽，即如今宗教家所讲的永生。惟宗教上之永生指死后之灵魂言，中国人所谓不朽，乃指人生前之德性与功业及其思想与教训言。但此三不朽，主要还在德性上。德性是以身教，以生命教。他做出一人样子，好让后人取法，为百世师表。试问世上功业哪有比此更大的？又哪有其他言论教训，比此更亲切，更真实的？而在他本身，只完成了他自己，此所谓成己而成物。如有人，获得财富一百万，不仅他自己成了一富翁，而此一百万财富，可以尽人取用，历百千万年，尽人取用他此一百万，尽人成了富翁，而他依然保留得此一百万，分文也不少，那不是神是什么呢？若有这样人，又哪能说人生到头一场空，无所得，一死便完了呢？

说到这里，人生一切皆空，惟有立德是不空。立功、立言如画龙点睛，还须归宿到立德。德是人生惟一可能的有所得，既是得之己，还能得于人。中国人俗话说，祖宗积德，可以传子孙。我们当知，人类文化演进，究竟也不过是多添一些人样子，多创造出一些理想人，多教人可以走上确有所得的人生之大道。那些事便全是前人积德。德积厚了，人人有德，那时的人世界，便成了神世界。

以上这样的想法，真是中国人所独有的人生观，也可说是中国人所独创的一种宗教，我们则该称之为人文教。亦可说是一种德性教。我们若把中国人此一观点来衡量世界其他各宗教，耶稣亦是一有德者，释迦亦是一有德者，中国人称高僧为大德。若只就其有德言，则一切宗教，全可不再有此疆彼界之划分。因此在中国思想之德的观念下，尧、舜、禹、汤、文、武、周、孔，固然是传统相承，诸圣同德。即东海、西海、南海、北海有圣人，又何尝不是诸圣同德呢？此诸圣，在人文大圈内，则一齐融化了。各有品，各有德，集此各品各德，放大光辉，此之谓人文，此之谓文化。人生所得，便是得了此文化，得了此人文之大化。而其基础，则在各人所得之一品一德上。

八

以上述说了中国人关于德的观念之大义竟。但我以上所述，多引用了孟子话，因关于此一面，孟子的话，几乎可以代表中国儒家全部的意见。其实道家也极重德，庄老书中"德"字，较之《论语》《孟子》更多了。而且《庄子》书中也提出许多关于理想人的话，惟庄子不喜称圣人，故改称至人与真人。而在至人真人之上，也同样有神人，那即是人而神，与孟子同一想象。此一种人而神的观念，在道家传统之演进里，变成了后世神仙思想之渊源。

其次再说到佛家，南朝生公已竭力主张人皆有佛性，惟其人皆有佛性，故人人皆可成佛，岂不与孟子"人皆可以为尧舜"之说，异途同归吗？但生公所谓之顿悟，还是指其悟于理而言。到唐代禅宗兴起，始单提直指，专言"明心见性"。禅宗之所谓性，乃指一种觉。其实凡所谓得于性，则必然成其为一种觉。此觉，乃一种内在之自觉。若说人生一切空，惟此一种内在之自觉则决不空。由禅宗说来，一旦大彻大悟，觉性当下呈露，即现前具足，立地可成佛。如是则涅槃即在眼前，烦恼世界转瞬成为极乐净土，更何待于出世，更何待于再生？当知此即仍是中国传统思想里之所谓德。得于性而内在具足，再无所待于外，在儒家则成为圣，在道家则成为真，在佛家则成为佛。三宗教法各异，但就其德的一观念而言，则仍是相通合一，不见其有异。于是修行佛法，可以不必再出世，即在尘俗中，一样可成正果。于是把原始佛教的出世情绪冲淡了，仍转回到中国传统思想所侧重的那一番内在自觉之德上。

惟其中国传统思想里德的一观念，有如是深潜的力量，因此直到宋儒格物穷理一派，如朱熹说："众物之表里精粗无不到。"那岂不已完成了穷格物理的终极境界了吗？而他还得补一句再说："吾心之全体大用无不明。"当知此一句，便是指的内在自觉之德了。若有德，则在他自己心下该无不明。若没有了这一德，则外面一切物理，尽使穷格无遗，还是与自己人生无交涉，人生毕竟仍是一场大脱空。试问穷格了物理，人生所得者又何在呢？若说是有所得，则仍必回到肉体人生一切衣食住行种种物质享受上。但那些，如我上面所述，早已为各派宗教所看不起，认为到头一场空。我们若明白得此意，便知宋儒格物穷理之学，毕竟与近代西方科学精神仍不同。而如我上面所说，在中国思想里，科学与宗教可以会通合一之点，也可由此参入了。

九

中国人重德，因此更重行。孔子曰："知之者不如好之者，好之者不如乐之者。"若说思想，毕竟仅属知一边，好之便开始转到行的方面来，乐之则纯出行的一面，即是所谓德了。人生毕竟重在行，重在德。仅是知，包括不了全人生。而且凭空人哪得会有知？必是行了才有知，而且知了仍须行。知只如夏萤在飞行时那尾巴后梢发的光。所以中国人一向看重行，更胜于看重知。中国古代《尚书》里早说："知之匪艰，行之维艰。"这是教人须重行。明代王阳明也说："即知即行，不行仍是未知。"仍是教人去重行。他又说："知是行之始，行是知之成。"但此所谓知，所指是良知。良知则不求知而早自知。良知即是天所赋予人之性，如是则仍是重在行。最近孙中山先生又说："知难行易。"他的意思，还是鼓励人去行。如是则在中国社会，便不易产出如西方般的思想家。

法国哲学家孔德，曾把人类思想分成三阶段：起先是神学的，宗教的。其次是玄想的，哲学的。最后始是实证的，科学的。如照孔德分法，中国思想很早便走上第三阶段，即孔德所谓的实证。于何实证？则只有实证之于行。科学的长处，长在可以随时切断，随处切断，逐步求实证。如演算草，二十二加三十一，尽可分开算。二加一等于三，先把此一节切断，看它对不对。如对了，再算二加三，等于五。又对了，那总数是五十三，再也不会错。当知一切科学，全可如此把来切断，逐步去求证，一步对了再一步。

研求自然真理当如此，研求人生真理，也得该如此。孔子说："学而时习之，不亦悦乎！"此可以切断下文，单从这一句求实证。你试且"学而时习之"，看己心悦不悦，尽不必连看下一句。纵使下一句有错，这一句先可实证确定它不错。然后再及下一句："有朋自远方来，不亦乐乎！"你也尽可不连上，不接下，切断看，单去实证它对不对。如"有朋自远方来"，且看你心乐不乐。待你学养工夫深了，孔子说："人不知而不愠，不亦君子乎！"这一句，一样可切断看。遇人不我知，试看我心愠不愠。若我心觉有愠，试问为何生有此一愠，成不成君子？因此孔子这些话，在中国人说来是德言，即所谓有德者之言，此乃由人生实践确有所得了才如此说，不是凭空由思想来。你要明白孔子这三句话，也只有如孔子般，同样去人生实际求实证。

或有人怀疑，中国一向无哲学，甚至说中国没有系统严密的思想。在中国，一些传诵古今的话，只像是格言，零零碎碎，各不相顾，好像只是些经验谈，又像是平浅，又像是武断，又像是神秘。其实这是中国人把行为实证与语言思想，融合成一片，相顾并进而有此。中国人思想，则务求与体验合一，不让思想一条线单独地直向前，这是中国思想之妥当稳健处。中国人务求把思想与行为交融互化，一以贯之，此乃中国思想一大特点。若以言证言，又以言引言，说了一大套，到头只是一番闲说话，距离人生实际反远了。骤然看，不是没有奇伟深密处，但回头配合到实际人生来，便总有所不合。

西方思想，正为好从一条线引申推演到尽头处。如说宇宙何由始，万物何由生，人生终极到底为的是什么？不论宗教家和哲学家，都好在此等处用心思，尽推演，尽引申，未尝不言之成理，持之有故，自成了一套理论，但与实际人生则愈离而愈远。而且那一套，又是有头有尾，竟体完密。若说它错了，竟可是通体错。于是只可说："吾爱吾师，吾尤爱真理。"不得不从头另再来一套。于是真理是真理，人生是人生。这一派是这一派，那一家是那一家。我们读西洋哲学史，真可说是上天下地，无奇不搜。极斑斓，但也极驳杂。极齐整，但也极破碎。若仅是一哲学家，著书立说，托之空言，还不打紧。若认真要把此某一家所发现主张的真理来确实表现到人生，来强人以必从，又或凭借政治力量来推行实现此真理，这总不免会出大毛病。即如柏拉图的理想国，幸而在当时，没有人切实去推行。其病则在从纯思辨、纯理智的路上来求真理，真理只在思索上，只在言辩上。不知一切思索言辩，本从人生实际来，而人生实际，则并不从思索与言辩来。纯思维、纯理智的路，越走越远，只能说人生中可有此一境，但此一境则走偏了，决不是人生之大全，而且也不是人生主要的中心。

十

我此上之所说，是在批评那些把知行分别开，让思想单独演进，于纯思维、纯理智中见真理，而再回头来强人以必从的那一套。若从中国人观点，言顾行，行顾言，不把言语单独地演进，因此名言逻辑之学，在中国思想史里特别不长进，而中国也遂没有了哲学家。中国人未尝不思想，但想了一头绪，便转向当前人生实际求可能之体验与实证。因此不会有大出错。所以说："默而成之，不言而信，存乎德行。"

孔子又曾说："思而不学则殆，学而不思则罔。"又说："我尝终日以思，无益，不如学也。"学，效也，觉也。须知与行合一并进始是学。而且学已偏重在行的一边了。因此在中国，则特别重视一学者。中国人又常称此人有学问，不称此人有思想。学之极致则为圣。中国人所看重的圣人，则毋宁是看重此圣人之德行，尤胜于看重此圣人之思辨。此因中国人认为人生真理当由行为见，行为中即包有思辨与理智。若单从纯思辨、纯理智的路去求真理，则决不能把握到人生真理之主要处。若要把握到人生真理之主要处，则惟有以人生实践为中心，而一切思想理论，则常环绕此中心，不许其驰离得太远去。至于如何是人生主要真理，其最要一项目，即如上述，乃在人生须确然有所得。因此中国人常好以"德行"两字连言。若求人生之真实确然有所得，则自必重于行。因此在中国人德行一观念之下，不仅个人与社会获得了调和，而且天人之际即人生与大自然也获得了调和。

我们又可说，中国人的重德观念，颇近于西方人之宗教精神。而中国人的重行观念，则颇近于西方人之科学精神。惟在西方，宗教与科学，各走一端，而各走不到尽头处。若求走到尽头，反会出大毛病。只有中国，乃求以人文科学之实践精神，即体验方法，来求到达与完成中国人人文宗教之理想与追求。中国人以人文为中心，即以人性为中心，故可尽教人走到尽头处。愈能走尽则愈好。因此中国人希望有全德，有大德。如是则在中国人德行合一的观念下，西方宗教与科学两途，也可获得了调和。

第四讲　气　运

　　上面三讲，第一、第二讲道理与性命，乃从抽象的理论方面、原则方面来述说中国思想里的宇宙观与人生观。第三讲德行，则承续第二讲，从人生原理具体落实下来讲到人生之实践。今天轮到第四讲，我的题目是"气运"二字。此讲承续第一讲，从宇宙原理具体落实到人生实践时所发生的许多观点和理论。换言之，前两讲是抽象地来讲宇宙是什么，人生是什么；后两讲是具体地来讲人生是什么，宇宙是什么。会合此四讲，我希望能描述出中国思想一个大概的轮廓。

一

　　中国人常讲"气运"，若把此两字分开，便是气数与命运。尤其在时代黑暗，社会动乱，乃及个人遭遇不幸、困难、挫折、失败时，总喜欢说到气数与命运。这"气数"与"命运"两观念，却不能简单地说是中国世俗的迷信。其实此两观念，在中国传统思想史里，有其根深柢固的立足点。这是中国传统思想普遍流传到全社会，深入人心，而有其坚厚的外围，与其深微的内涵的，我们该仔细加以分析与阐发。

中国人从古到今都讲到那"气"字，气究竟是指的什么呢？我想中国思想里的气字，至少该涵有两要义。一是极微的，二是能动的。若把宇宙间一切物质，分析到最后，应该是极微相似。惟其极微，即分析到最后不可再分析时，便必然成为相似了。若不相似，应该仍不是极微，仍属可分。那一种极微相似，不可再分析的最先物质，乃宇宙万物之共同原始，中国人则称此为气，因此亦常以"气""质"连言。

试问这一种极微相似的气，如何会演变出宇宙万物的呢？这就要讲到气之第二特性，即气是能动的，不停止的，不能安静而经常在活动的。惟其如此，所以能从极微相似变化出万有不同来。

此气之变化活动，简单说来，只有两形态。一是聚与合，又一是散与分。宇宙间只是那些极微相似的气在活动，在聚散，在分合。聚而合，便有形象可睹，有体质可指。分而散，便形象也化了，体质也灭了。聚而合，便开启出宇宙间万象万物。分而散，便好像此宇宙之大门关闭了，一团漆黑，一片混沌。中国人称此聚而合者为气之阳，俗语则称为"阳气"。分而散者为气之阴，俗语称之为"阴气"。其实气并没有阴阳，只在气之流动处分阴阳。气老在那里一阴一阳，一阖一辟，此亦即中国人之所谓道。所以道是常动的，道可以包有"正""反"两面，道可以有光明，也可以有黑暗。理则附于气而见。如二加二等于四，二减二等于零，同样有一理附随着。

气既是极微相似，必积而成变。所谓变，只是变出许多的不相似。那些不相似，则由所积之数量来。所以我们说气数，此数字即指数量。气之聚，积到某种数量便可发生变。其积而起变的一段过程则称化。如就气候言，一年四季，从春到夏，而秋，而冬，这是变。但变以渐，不以骤。并不是在某一天忽然由春变夏了，乃是开春以来，一天一天地在变，但其变甚微，看不出有变。我们该等待着，春天不会立刻忽然地变成了夏天，只是一天天微微地在变。此种变，我们则称之为化。等待此种微微之化积到某阶段，便忽然间变了。到那时，则早不是春天，而已是夏天了。

再以火候来说，如火煮米，不会即刻便熟的。但究在哪一时米忽然煮熟了的呢？这不能专指定某一时而言。还是积微成著，热量从很小的数字积起，我们仍得等候。锅中米虽不立刻熟，但实一秒一秒钟在变，惟此等变，极微不易觉，像是没有变，故只称为化。但烧到一定的火候时，生米便变成了熟饭。

我们的生命过程也如此，由婴孩到幼童，从幼童到青年，从青年而壮年而老年而死去，也不是一天突然而变的，还是积渐成变，此积渐之过程，则亦只称为化。

因此宇宙一切现象，乃在一大化中形生出万变。若勉强用西方哲学的术语来讲，也可说这是由量变到质变。因中国人说气，乃是分析宇宙间一切万物到达最原始的一种极微相似。就气的观念上，更不见有什么分别。盈宇宙间只是混同一气，何以会变成万物的呢？其实则只是此相似之气所积的数量之不同。如是则一切质变，其实尽只是量变。宇宙间所形成的万形万象，一句话说尽，那都是气数。

因此，气数是一种变动，但同时又是一种必然。此种变动，从极微处开始，谁也觉察不到，但等它变到某一阶段，就可觉得突然大变了。孟子说："我善养吾浩然之气。"那浩然之气如何养的呢？孟子说："此乃集义所生。"何谓集义？只要遇到事，便该问一个义不义，义便做，不义便不做。故说："勿以善小而弗为，勿以恶小而为之。"起先，行一义与行一不义，似乎无大区别，但到后便不同。孟子又说："以直养而无害。"平常所谓理直气壮，也只在某一时，遇某一事，自问理直，便觉气壮些。但若养得好，积得久，无一时不直，无一事不直，那就无一时无一事不气壮。如是积到某阶段，自觉仰不愧于天，俯不怍于人，这如火候到了，生米全煮成熟饭，气候转了，春天忽变为夏天。内心修养的功候到了，到那时，真像有一股浩然之气，至大至刚，塞乎天地，莫之能御了。那一股浩然之气，也不是一旦忽然而生的。《中庸》说："所过者化，所存者神。"浩然之气近乎是神了，但也只是过去集义所生。因在过去时，以直养而无害，积义与直，积得久而深，一件事一件事地过去，好像都化了，不再存在了，却突然觉如有一股浩然之气存积在胸中，那岂不神奇吗？

这不仅个人的私德修养有如此，即就社会群众行为言，亦如此。所谓社会群众行为，此指风气言。风气是群众性的，同时又是时代性的。在某一时代，大家都如此般行为，那就成为一时代之风气。但风气常在变，只一时觉察不到，好像大家都如此，而其实则在极微处不断地正在变。待其变到某一阶段，我们才突然地觉到风气已转移了。若我们处在一个不合理想的时代，不合理想的社会中，我们必说风气不好，想要转移风气，但我们该知风气本来在转移，只我们该懂得究竟风气如何般在转移，那我们也可懂得我们该如何般来转移风气了。

二

让我们先讲风气如何般形成，再说到如何般转移。让我举一个最浅之例来加以说明。女子服装，有时那样时髦，大家那样打扮，便成为风气。有时那样不时髦了，大家不再那样打扮，便说风气变了。有时那一套打扮正盛行着，好像非如此打扮便出不得门，见不得人似的。但转瞬间不行了，正为那一套打扮，才使她出不得门，见不得人了。袖子忽而大，忽而小。裙子忽而长，忽而短。领子忽而高，忽而低。大家争这一些子，而这一些子忽然地变了，而且是正相反的变。风行的时候，大家得照这样子行。不风行的时候，谁也不敢再这样行。这叫作风气。但谁在主持这风气呢？又是谁在转移这风气呢？风气之成，似乎不可违抗，而且近乎有一种可怕的威力。但一旦风气变了，这项威力又何在呢？可怕的，忽而变成为可耻的，谁也不敢再那样。以前那一种谁也不敢违抗而近乎可怕的威力，又是谁赋予了它，谁褫夺了它的呢？

开风气，主持风气，追随风气，正在大群众竞相趋附于此风气之时，又是谁的大力在转移那风气呢？其实风气之成，也是积微成著，最先决不是大家预先约定，说我们该改穿窄袖，改穿短裙了。因此开风气，必然起于少数人。少数人开始了，也决不会立刻地普遍流行，普遍获得大群众模仿它。最先模仿此少数的，依然也只是少数。然而积少成多，数量上逐渐增添，到达某一阶段，于是竞相追步，少数忽然变成了多数，这也是一种气数呀！

本来在大家如此般打扮的风气之下，谁也不敢来违抗的。最先起来另弄新花样的人，必然是少数，少之又少，最先则只由一二人开始。此一二人，其本身条件必然是很美，很漂亮，但时行的打扮，或许在她觉得不称身。她求配合她的本身美，才想把时行的打扮略为改换过。但她这一改换，却给人以新鲜的刺激，引起了别人新鲜的注意。立刻起来模仿她的，也一定和她具有同样的本身美，同样感到流行的时装，和她有些配不合，她才有兴趣来模仿此新装。在她们，本身都本是美女，换上新装，异样地刺激人注意，于是那新装才开始渐渐地流行了。

若我们如此般想，原来那种时髦打扮，本也由少数一二人开始。而此少数一二人，本质必然是一个美人，惟其本身美，又兼衣着美，二美并，美益增美，才使人心生羡慕来模仿。但起先是以美增美，后来则成为以美掩丑了。因丑女也模仿此打扮，别人见此新装，便觉得美，岂不借此也可掩过她本身的几分丑了吗？但更久了，大家竞相模仿，成为风气了。大家如此，见惯了，便也不觉得什么美。而且具有本质美的毕竟少，丑的毕竟多。那一种时装，美的人穿着，丑的人也穿着。丑人穿的越多，别人因于见了穿着此服装者之丑，而渐渐连带讨厌此服装。到那时，则不是以美掩丑，而变成以丑损美了。到那时，则社会人心渐渐厌倦，时装新样，变成了俗套。那些具有本质美的女子反受了损害。她们中，有些不甘随俗趋时，同流合污，于是想别出心裁，照她自己身段和肤色等种种条件来自行设计，重新创出一套新装来，于是又回复到从前以美增美之第一阶段，而她的新装遂因此时行了。

但上述转变，也还得附有其他的条件。新装必然开始在大城市，美女试新装，必然是遇到大的筵宴、舞会或其他交际场合之隆重典礼中，而才得以她的新装刺激别人，影响大众，很快形成了新风气。若在穷乡僻壤，尽有美女，决不会有新装。若闺房静女，纵在城市，即有新装，也不会很快地风行。故古代有宫装，有贵族贵夫人装，有妓装。近代有电影明星、交际花、时代名女人等，她们在大都市、大场合，易于激动人注意。这些大场合，我们则称之曰"势"。纵使是美女，本质尽是美，又是新装，修饰打扮也够美，各种条件都配齐，但若没有势，仍不行。因此风气形成，除却创始者之内在本质外，还需其外在的形势。而此所谓势者，其实则仍是数。因此气势也即是气数，必须数量上增到某分际始生势。孤芳自赏，则决不会成风气。

如上分析，可见风气虽时时而变，但不论开风气与转风气，在其背后，必有一些经常不变的真理作依据。即如女子服装，所以能成风气，第一，依据于人群之爱美心与其对美丑之鉴别力；第二，依据于女性自身之内在美、本质美，然后再配合上服装修饰一些外在美，如是始可以来满足人群之爱美要求，而始得成为一时之风尚。但江山代有异人出，燕瘦环肥，各擅胜场。如当肥的得势，人群的鉴赏兴趣，集中在肥的那一边，那些修饰外在之美，也配合在肥的一边而发展，瘦的美便掩盖了。一旦瘦的得势，人群的鉴赏兴趣，又转移到瘦的一边来，而那些修饰外在之美，也就配合于瘦的条件而发展。所以服装风气之时时有变，决不当专以人心之喜新厌旧这一端，来作平浅的解释。当知新的不就是美的，若专在标新立异上用心，也未必便能成风气。

老子说："天下皆知美之为美，斯不美矣。"其实天下人又何尝真知美之所以为美呢？西施捧心而颦，东施也捧心而颦，颦的风气即由是而形成。但尽人皆颦，则愈见颦之丑，于是颦的风气也不得不转移。果子熟了要烂，花开足了要谢，人老了要衰，风气成为俗尚了，则不得不变。惟风气必从少数人开始，此少数人开创风气，必从此少数人之各别的个性出发。天下多美妇人，但个性不同，美的条件不同。占优势的登高而呼，一呼百应，就成风气。但她也必得能呼。尽在高处，不能呼，还是没影响。能呼是她的本质美，占高处便有势。总之，风气之开创与转移，必起始于少数，并且决定于少数之个性。因此，必尊重个性，培养个性，才是开风气与转风气之先决条件。

中国人常称时代，又称时势。当知此一时，彼一时，彼一时必然会来代替这一时，而那更替接代之转移契机，则有一个势。中国人又常说："时势造英雄，英雄造时势。"其实此两语并没有大分别。凡属英雄，必能造时势，而英雄也必为时势所造成。但若转就时势论，也如此。尽有了时势，没有英雄，仍不成。当流行的时装变成了俗套，就得要变，但还得期待一真美人出世，而那新美人，又得要有势。一般说来，电影明星易于影响大家闺秀，大家闺秀便不易影响电影明星。而那些空谷佳人，则更难影响人。所以风气转变，又须得风云际会。云从龙，风从虎，风云则凑会到龙与虎的身边。但潜龙仍不能有大作用，必得飞龙在天，那时，满天云气便凑会到他身边。

再就艺术风尚言，如几十年来平剧①旦角中有梅派，有程派。正因梅兰芳、程砚秋两人个性不同，嗓子不同，于是腔调韵味各不同，因此在旦角中形成了两派。但梅也好，程也好，也都在他们所占形势好。当知有好嗓子，能自成一派的，同时决不限于梅与程，但梅、程能在北平与上海，便得了势，他们拥有环境熏染，拥有大众欣赏，这些都是数。大家捧，不还是数吗？然则在平剧旦角中忽然有梅、程出现，那也是气数。循至唱旦角的，不学梅，便学程，新腔渐渐变成了俗调，等待一时期，再有一位个性与梅、程不同的新角色出来，那时便有新腔调，便有新花样，而剧台上便转出了新风气。

三

以上都是些人人能晓的话，让我们进一步探讨，讲到学术与思

---

① 平剧即京剧。——编者注

想，那也是有时代风气的。学术思想，决然由一二大师开创。开创学术思想的人，他感到对他时代，不得不讲话。他所讲，在当时，常是从未有人如此般讲过的。孔子以前，并未先有一孔子。孔子的话，记载在《论语》上，《论语》中所讲，在以前，并非先有一部《论语》讲过了。但在孔子，并非存心标新立异要如此讲。只是在他当身，他内心感到有些话，不得不讲。纵在以前绝未有人如此般讲过，但他内心感到非如此讲不可。他讲了，于是有颜渊、子路、子贡一辈后起的优秀青年，跟着他来讲，这样便受人注意，讲出一风气来。但成了风气，大家如此讲，那就成为俗套了。

风气之成必挟着一个势，但由风气变成俗套，则所存也只是势利了。于是便有墨子出头来反对。墨子所讲，也有墨子一边的真理，墨子所以能另开一风气，另成一学派，决不是偶然的。他本身个性既与孔子不同，他的时代又不同，他也抓着一些真理，他所抓着的那些真理，与孔子有不同。于是另一批青年，如禽滑厘之徒，又大家跟随墨子，讲墨子那一套。墨学得势了，成名了，接着又来杨朱与孟子，接着又来庄周、荀卿与老子，全走的如我上述的同一条路线。直从孔子到韩非，三百年间，你反对我，他又反对你，一个接着一个，还不像女子服装般，窄袖变宽袖，长裙变短裙，一套一套在不断地变化吗？那也是风气。

学术思想，决没有历久不变的，只是慢慢地变，变得比女子服装更要慢得多。到了汉代，发生了一大变，人们都说，两汉学术思想，和先秦时代不同了。魏、晋、南北朝、隋、唐时代，又不同了。宋、元、明时代，又不同了。清代两百六十年，又不同了。我们此刻，和清代学风又不同了。那些变化，其实仍还是气数，仍还是在一大化中引生出万变，仍还如女子服装般，依着同样的律则在转动。

当知一切新风气之创辟，其开始必然在少数。而在此少数人身上，又必然有其恒久价值的本质美、内在美。此种具有永恒价值之本质美、内在美，又必早已埋伏在绝大多数人心里。因此仍必在多数人心上显现出。即如美女之美，也即是多数人所欣赏之美。一切美之型式之出现，不能不说是先在多数欣赏者之心里早埋下了根。品德之美亦然。故孟子说："圣人先得吾心之所同然。"一代大师，在学术思想上有创辟，彼必具有一番济世、救世、淑世、教世心，而又高瞻远瞩，深思密虑，能补偏救弊，推陈出新，发掘出人人心中所蕴藏所要求之一个新局面与新花样。他一面是挽风气，救风气，一面是开风气，辟风气。其发掘愈深，则影响衣被愈广。但此种美，并不如女性之形体美、风度美，可以一映即显，随照即明。

因此一代大师在学术思想上之创辟与成就，往往举世莫知，而且招来同时人之诽笑与排斥，只有少数聪明远见人，才能追随景从。如是积渐逐步展开，往往隔历相当岁月，经过相当时期，此项本质内在之美，始可获得多数人之同喻共晓。但到那时，早已事过境迁，此一时，彼一时，又待另一派新学术思想针对现实，继起创辟。而且最先此一创风气者，彼言人之所不言，为人之所不为，在旧风气中，彼乃一孤立者，彼乃一独见者，彼乃一叛逆者，彼乃一强固树异者。彼之一段精神，一番见识，必然因于其处境孤危，而历练奋斗出格外的光彩来。但追随景从他的，处境不如他孤危，觅路不如他艰险，他早已辟了一条路，别人追随他，纵能继续发现，继续前进，所需的精力识解，毕竟可以稍稍减轻，因而光彩也不如他发越。如是递下递减，数量愈增，气魄愈弱，每一风气，必如是般逐步趋向下坡。待到多数景从，而风气已弊，又有待于另一开创者来挽救。

所以少数者的事业，本是为着多数而始有其价值与意义。但一到多数参加，此一事业之价值与意义，也随而变质了，仍待后起的少数者来另起炉灶。关于学术思想，正为多数参加，其事不易，故此项风气，可以维持稍久。而如女子服装之类，多数参加得快，风气改变得也快。

四

再就宗教言，姑以中国俗语所说的祖师开山为例。当知祖师开山，不是件容易事。俗话说："天下名山僧占尽。"可是占一名山，其间尽有艰难，尽有步骤。其先是无人迹，无道路，所谓丛林，则真是一丛林。从丛林中来开山，也决不是大批人手集合着，一起来可以弹指即现的。其先只是孤零零一人，一峭岩古壁，一茅团。此人则抱大志愿，下大决心，不计年月，单独地在此住下来。附近人则全是些樵夫牧童，穷坞荒岔，他们逐渐知道有这人了，又为他这一番大志愿大决心所惊动，所感召，渐渐集合，凑一些钱来供养他，乃始有小庙宇在此深山中无人迹处涌现。当知此乃祖师开山之第一步。此后又逐渐风声播扩，信徒来集者日多。或有高足大德追随他，继承他，积甚深岁月，才始有美轮美奂、金碧辉煌之一境，把这无人烟的荒山绝境彻底改换了。这是所谓的开山。

但我们该注意，那开山祖师，并不是没有现成的寺庙可供他住下，来过他安定而舒服的生活。他为何定要到此荒山无人迹处来开山？当知在深山穷谷开辟大寺庙，不是件简单事。他当初依靠些什么，能把那庙宇建筑起？至少在他当时，是具有一段宏愿，经历一番苦行，而那些事，渐渐给后来人忘了。后来人则只见了那座金碧辉煌的大寺庙，千百僧众集合在那里，香火旺盛，满山生色。但此大寺庙，到那时，却已渐渐走上了衰运。若使另有一位抱大宏愿，能大苦行的大和尚，终于会对此金碧辉煌的大建筑，香烟缭绕的大梵宇，不感兴趣，而又转向另一深山无人迹处去再开辟。这些话，并不是凭空的想象话，乃是每一住在深山大谷做开山祖师的大和尚，所共同经历的一段真实史迹之概括叙述。

让我更拈举一更小的例来讲。大雄宝殿的建筑，是非常伟大的，在此建筑前面栽种几棵松柏来配合，这也不是件寻常事。依常情测，必然是建殿在前，栽树在后。松柏生长又不易，须得经过百年以上，才苍翠像一个样子，才配得上此雄伟之大殿。一开始，稚松幼柏，是配不上此大殿巍峨的。但在创殿者的气魄心胸，则一开始便已估计到百年后。当知他相择地形，来此开山，在他胸中，早有了几百年估量。但到殿前松柏苍翠，与此一片金碧相称时，那创殿人早已圆寂，藏骨僧塔了。

我有一次在西安偶游一古寺，大雄宝殿已快倾圮了，金碧剥落，全不成样子。殿前两棵古柏，一棵仍茂翠，大概总在百年上下吧！另一棵已枯死。寺里当家是一俗和尚，在那死柏坎穴种一棵夹竹桃。我想此和尚心中，全不作三年五年以外的打算，那大殿是不计划再兴修了，至少他无此信心，无此毅力。夹竹桃今年种，明年可见花开，眼前得享受。他胸中气量如此短，他估计数字如此小，那寺庙由他当家，真是气数已尽了。

如此想来，名刹古寺，即就其山水形势气象看，那开山的祖师，早已一口气吞下几百年变化。几百年人事沧桑，逃不出他一眼的估量。我们上殿烧香，并不必要礼拜那些泥菩萨，却该礼拜此开山造庙人。当知此开山造庙人之值得礼拜，在其当时那一番雄心毅力，慧眼真修，岂不确然是一个活菩萨？至于在大雄宝殿上那几尊泥塑木雕的飞金菩萨，那只是此开山造庙人之化身而已。若无开山造庙人，试问那些菩萨哪里去泥上金碧，显出威灵来？

五

让我们再从宗教上的开山祖师，转换论题来讲政治上的开国气象吧。开国更不比开山，即就近代史举例，如孙中山先生，他为何不去考秀才，中举人，考进士，中状元？有着现成大庙不住，他偏去五岳进香，历尽千辛万苦，做一行脚僧。他立志要造一所大庙，到今天，大雄宝殿还没有完工，殿前松柏还没有长成，一切配合不起，所以他临死说："革命尚未成功，同志还须努力。"这是何等艰巨的一项工作呀！但若国家有了规模，社会渐渐郅治升平，那时的政府像样了，功名在此，富贵亦在此，于是大家都想享福，凑热闹，那政府也就渐渐腐化，快垮台了，于是另有人再来做行脚僧。飞金涂碧的菩萨不再有威灵，另一批泥塑木雕的新佛，又在另一大雄宝殿里显威灵。世界各国的历史，民族兴衰，社会治乱，都逃不出此一套。世运永远是如此。积微小的变动，酝酿出极大的兴革来。积微成著，势到形成，从量变到质变，从少数一二人创始，到多数大众随和，而定形，而变质，而开新。中国人则一句话说它是"气数"。

我们先得能看破此世界，识透此世界，才能来运转此世界，改造此世界。我们得从极微处，人人不注意、不着眼处，在暗地里用力。人家看不见，但惊天动地的大事业、大变化，全从此看不见处开始。祖师开山，不是顷刻弹指可以涌现出一座大雄宝殿来。他自己努力不够，待他徒子徒孙继续地努力，只从极微处极小处努力。气数未到得等待，等待复等待，气数到了，忽然地新局面创始了。你若问，此新局面是何时创始的，那却很难说。你须懂得"气数"二字之内涵义，去慢慢地寻究思量了。但若气数完了，则一切没办法，只有另开始。譬如花儿谢了，果儿烂了，生米煮成熟饭了，便只有如此，更没有办法了。

上面所讲的气数，既不是迷信，也不是消极话。但一些没志气无力量的人，也喜欢借此说法来自慰。古书里一部《周易》，宋儒邵康节，用数理来作种种推算。现社会一切命理推算，还是全部运用着。亦可说中国民族对历史有特别爱好，对历史演进，对人事变化，也特别有他们一套深微的看法。因之气数未到，会促之使它到。气数将尽，会续之使不尽。惊天动地，旋乾转坤的大事业，在中国历史上，时时遇到，中国人则只称之曰"气数"。这两字，如非深究中国历史人物传统的思想与行为，很难把握其真义。

六

现在继续讲命运。中国人讲气，必连讲数。因气是指的一种极微而能动的，但它须等待积聚到一相当的数量，然后能发生大变化大作用。命是指的一种局面，较大而较固定，故讲命必兼讲运，运则能转动，能把此较大而较固定的局面松动了，化解了。而中国人讲气数，又必连带讲命运。这里面，斟酌配合，铢两权衡，必更迭互看活看，才看得出天地之化机来。

中国社会迷信爱讲命，命指八字言，八字配合是一大格局，这一格局便注定了那人终生的大命。但命的过程里还有运，五年一小运，十年一大运，命是其人之性格，运是其人之遭遇。性格虽前定，但遭遇则随时而有变。因此好命可以有坏运，坏命可以有好运，这里的变化便复杂了。

让我们回忆上次"性命"一讲，人性本由天命来，由儒家演化出阴阳家，他们便种下了中国几千年来社会种种迷信之根苗。他们说，人的性格有多样，天的性格亦如是。如春天，乃青帝当令，他性好生。冬天，黑帝当令，他性好杀。因此春天来了，众生竞发，冬天来了，大地肃杀。天上有青、黄、赤、白、黑五帝，更迭当令，由此配合上春、夏、秋、冬四季之变化，又配合上地上万物金、木、水、火、土五行，来推论宇宙人生一切运行与祸福。这一派的思想，流传在中国全社会极深入、极普遍、极活跃、极得势，我们也该得注意。

此派所谓五行，其实只是五种性。他们把宇宙万物，概括分类，指出五种各别的性格，而举金、木、水、火、土五者作代表。既是五性，又称五德，但何以又说五行呢？因中国古人认为，异性格相处，有相生，亦有相胜相克。因此任何一种性格，有时得势，有时不得势。得势了，可以引生出另一种性格来，同时又可克制下另一种性格。被克制的失势了，但被引生的得势，那引生它的也即失势了。如是则万物间此五性格永远在相生相克，交替迭代，变动不居，而到底仍会循着一环，回复到本原的态势上来。如木德当令，金克木，木德衰，金德旺。但火克金，水克火，土克水，木克土。如是则木德又当令了。又如木德当令，木生火，火生土，土生金，金生水，水生木。如是一循环，木德又得势，又当令了。此所谓五德终始。宇宙一切变化，粗言之，是阴阳一阖一辟。细分之，是五行相克相生。《庄子》书中所谓时为帝，即是此意。主宰天地的也在变，有时木德为帝，有时则火德为帝了。此乃一大原则，但辗转引申，便造成种种避忌与迷信的说法来。

本来阴阳五行之说，主要在讲宇宙的大动向，循此落实到人生界，于是有世运，有国运。而循次递降到维系主宰此世运与国运的几个大家族与大人物，于是又有家运与某一人的运。而更次递降，则每一人呱呱坠地，便有人来替他算八字，排行运了。那些则就不可为凭了。又由五行八字转到地理风水，如西周都丰镐，东周迁洛邑，前汉都长安，后汉迁洛阳。建都形势，有关国运兴衰。而循此递降，如上述祖师开山，某一山的气象形势，风景云物，山水向背，交通脉络，这在此一寺宇之几百年盛衰气运，也可说有莫大关系的。但再次递降，到某一家宅、一坟墓，甚至一门户，一桌椅之位置形势、吉凶休咎，便又不足为凭了。

宋儒张载曾说："为天地立心，为生民立命，为往圣继绝学，为万世开太平。"此是儒家说法。大众多数人的命，依随于大气运而定。大气运可以由一二人主持而转移。此一二人所能主持转移此大气运者，则在其方寸之地之一心。此方寸之地之一心，何以有此力量？则因有某一种学养而致然。此一种学养，往古圣人已创辟端倪，待我们来发扬光大。万世太平之基，须在此一二人方寸之地之心上建筑起。若专讲气数命运，两眼只向外看，回头忘失了此心，则气数命运一切也无从推算了。当知由天道讲，性本于命。由人道讲，则命本于性。因此发扬至善之性，便可创立太平之运。又当知，由天道讲，则数生于气。由人道讲，则气转于数。因此积微成著，由集义可以养浩然之气，由一二人之心，可以主宰世运，代天行道了。

现在让我们姑为中华民族国家前途一推其命运。若论命，我中华国家民族，显然是一长生好命、后福无穷的。若论运，则五十年一小变，一百年一大变，这最近一百年来，我中华国家民族，正走进了一步大厄运。此厄运则交在中西两大文化之相冲相克上。但论运，指遭遇言。论命，指格局言。我中华国家民族，显然是一大格局。当知天下无运不成命，无命也不成运。当前的大危机，则在大家都太注重在目前的行运上，而忽忘了本身的八字大格局。你自己八字忘了，下面的一步运，谁也无法来推算。

七

现在我再将"气运"二字，联结来谈一谈。当知气由积而运，气虽极微，但积至某程度、某数量，则可以发生一种大运动。而此种运动之力量，其大无比，无可遏逆。故气虽易动，却必待于数之积。命虽有定，却可待于运之转。

气如何积？运如何转？其机括在于以气召气，所谓同声相应，同气相求，云从龙，风从虎，圣人作而万物睹。又说：和气致祥，乖气致戾。和顺积中而华英外发，一人有庆，万民赖之。气与气相感召，由极微处开始，而可以扭转大世运。但正因为气极微而能动，又易于互相感召，所以少数能转动了多数。但一到多数势长，淹没了少数，此少数人便失却其主宰与斡旋之势，而气运又另向反面转。若我们认以少数转动多数者为一种斡旋，为一种逆转，则由多数来淹没少数者乃一种堕退，乃一种顺转。堕退是一种随顺，为阴柔之气，斡旋是一种健进，为阳刚之气。但物极必反，贞下可以起元，而亢阳必然有悔。如是则一阴一阳，运转不已。天道无终极，而人道也永不能懈怠。所以说："天行健，君子以自强不息。"

中国人因于此一种气运观念之深入人心，所以懂得不居故常，与时消息，得意得势不自满，失意失势不自馁。朝惕夕厉，居安思危，如临深渊，如履薄冰，一刻也不松懈，一步也不怠慢。中国人因于此一种气运观念之深入人心，所以又懂得见微知著，所谓月晕而风，础润而雨，一叶落而知秋，履霜坚冰至，君子见几而作，不俟终日。把握得机会，勇于创始，敢作敢为，拨乱返治，常自乎一二人之心之所向，而潜移默化，不大声以色。中国人因于此一种气运观念之深入人心，所以又懂得反而求诸己。或出或处，或默或语，只要把握得枢机，便可以动天地。所谓枢机，则只在他自己之一言一行。若此一言一行，只要感召到另一人，二人同心，其利断金，便可以无往而不利。所以每当历史上遇到大扰动、大混乱，便有那些隐居独善之士，退在一角落，稳握枢机，来斡旋那气运。中国人因于此一种气运观念之深入人心，所以又懂得遇穷思变。所谓"穷则变，变则通，通则久"。变通者，趋时者也。又说："通变之谓事。通其变，使民不倦。"孔子圣之时者也，则正为他知变。他虽处周末衰世，却决然预知天之未将丧斯文。所以中国人传统观念中之圣人，则必然是应运而生的。应运而生，便即是应变而生了。

犹忆我童时读《三国演义》，开卷便说"天下一治一乱，合久必分，分久必合"那些话。当时有一位老师指点我，说这些只是中国人旧观念，当知如今欧洲英法诸邦，他们一盛便不会衰，一治便不会乱，我们该好好学他们。在那时，我这位老师，正代表着一群所谓新智识开明分子的新见解。好像由他看来，英法诸邦的太阳，一到中天，便再不会向西，将老停在那里。但曾几何时，不到五十年，连接第一、第二次世界大战，英法诸邦也正在转运了。于是五十一年后的今天，我才敢提出中国人的传统老观念"气运"两字，来向诸位作此一番的演讲。

但所谓气运，并不是一种命定论。只是说宇宙乃及人生，有此一套好像是循环往复的变化。宇宙人生则永远地在变，但所变也有一规律、一限度，于是好像又变回到老样子来了。其实哪里是老样子。但尽管花样翻新，总还是有限。因此我们可以把它来归纳成几个笼统的大形式。譬如女子服装，由窄袖变宽袖，再由宽袖变窄袖，由长裙变短裙，再由短裙变长裙般。宇宙人生一切变化，也可作如是观。即如上述，由渐变形生出骤变，由量变形生出质变，由少数转动了多数，又由多数淹没了少数，由下坡走向上坡，又由上坡转向下坡。宇宙人事之变，其实也不出此几套。

从前西方的历史家，他们观察世变，好从一条线尽向前推，再不留丝毫转身之余地。如黑格尔历史哲学，他认为人类文明，如太阳升天般，由东直向西。因此最先最低级者是中国，稍西稍升如印度，如波斯，再转西到希腊，到罗马，西方文明自然优过东方，最后则到日耳曼民族，那就登峰造极了。他不知中国《易经》六十四卦，既济之后，又续上一未济，未济是六十四卦之最后一卦，纵使日耳曼民族如黑格尔所说，是世界各民族中之最优秀民族，全世界人类文明，到他们手里，才登峰造极。但登峰造极了，仍还有宇宙，仍还有人生，不能说宇宙人生待到日耳曼民族出现，便走上了绝境，陷入于死局呀。

最近西方一辈文化史学者，才懂改变看法，也想籀绎出几条大原则，描绘出几套大形式，来讲世界各民族文化兴衰的几条大路向。换言之，他们的历史看法，是像逐渐地接近了中国人传统的气运观。但他们总还是爱执着，爱具体，不能超然燕观，不能超乎象外，因此他们总会带有几许悲观气氛，好像一民族、一文化，衰了，便完了，仍没有转身。

中国人的气运观，是极抽象的，虽说有忧患，却不是悲观。懂得了天运，正好尽人力。来燮理，来斡旋。方其全盛，知道它将衰，便该有保泰持盈的道理。方其极衰，知道有转机，便该有处困居危的道理。这其间，有可知，但也有不可知。有天心，但同时也可有人力。所以说天下兴亡，匹夫有责。天下之大，而至于其兴其亡，系于苞桑之际。正如一木何以支大厦，一苇何以障狂澜，而究竟匹夫有责，所以风雨如晦，鸡鸣不已。鲁阳挥戈，落日为之徘徊。那是中国人的气运观。

总结语

    上面四番讲演，在我的用心，只是想根据通俗一般观点，来阐述中国的全部思想史。但此事谈何容易，我只就我所知，聊加发挥。我总希望，如我上面所讲，决不是我一个人单独要如此讲，乃是中国一般人，连不识字无知识人，都长久在如此讲。为何一般不识字无知识人都长久在如此讲？此乃文化积业，向来思想传统，从古到今的大思想家都在如此讲，因而影响到一般不识字无知识人也都如此讲。我只想把在上的传统思想和在下的通俗思想会通起来讲。我究竟认识了传统思想没有？我究竟了解了通俗思想没有？我究竟能把这两条思想路线会通起来没有？这是我自己个人学力问题，我无能力批评我自己，只有留待别人来批评。

    但若我所讲，纵说是成功了，所谓中国思想，究竟该和外面其他民族别人家思想做一比较，异同何在？优劣何在？得失又何在？我们绝对不该采关门主义、自尊自大、坐地为王，认为中国思想即已把握了宇宙人生一切的真理。在外面，即就近代西方欧美人思想言，他们有宗教，有科学，有大资本，有新武器。我们宗教是衰落了，科学是未发达，又穷又弱，样样不如人。我们哪能自尊自大、坐地称王呢？但我总还是一个我，衣服脏了，我该洗。东西上蒙了尘，该拂拭。埋藏在我们心坎深处那一些文化积业、思想传统，我们也该从头再认识一番。垢刮磨光，释回增美，是我们该下的功夫。我们今天的使命，是一个文化的使命，是一个思想的使命。文化思想是社会大众之共业，我们该认识社会，接近大众，承继传统，把握现实。我们该全盘计划，我们该从根救起，该迎头赶上。我们必须求了解，求发挥，求充实，求改进。诸位先生，如何看，如何做，请指教。

中国思想通俗讲话补篇

1979 年本拟重印此书特撰补篇一文，内分八题，因故未付印。1987 年又检拾历年随笔札记十二条附后，合成此文。

中国文言与白话，即所谓语言与文字，有分别。亦可谓雅俗之分。此为中国传统文化中一特别之处，为其他民族所无。

但文言即从白话来，白话中亦保有很多的文言，两者间有可分有不可分。

近代国人盛倡白话通俗，对文言古雅则深加鄙弃，把本该相通的两项，过分分别了，其流害即今可见，此下更难具体详说。

本书所收四篇讲演，乃就通俗白话中选出四辞，发明其由来。乃系从极深古典中，寓有极为文雅之精旨妙义，而竟成为通俗之白

087

话。此亦中国传统文化之最为特优极出处。当时限于时间规定，仅讲述此四题。其他可资发挥者，随拾皆是。今值此书重印，姑续申述数则如下。读者因此推思，则五千年传统文化，亦可谓即在我们当前之日常口语中，甚深而极浅，甚古而极新，活泼泼地呈现。从当前新处去悟，却仍在旧处生根。俯仰今古，有不知其手之舞之足之蹈之之乐矣。

（一）自然

"自然"二字，乃道家语，谓其自己如此，即是天然这样。这是中国道家诵述最所贵重的。又称之为"真"。儒家则称之曰"诚"。不虚伪，不造作，人生该重。儒家所言之性命，便是此义。

人为则成一"伪"字，便无意义价值可言。但西方人则最重人为，科学即是一例。今吾国人乃称西方科学为自然科学，不知西方科学是要战胜自然、克服自然的，与中国人尊重自然、因仍自然者大不同。

即如电灯、自来水，那都是不自然的。自然中有电有水，西方人运用来作电灯、自来水，那是反自然的。中国古人，在庭院中掘一井，用来汲水，较之出至门外河流中取水，方便多了。有人又发明了桔槔，可把井中水上提，省力多了。但庄周书中加以反对，说运使机械，则易起机心。机心生，则人道失真，一切便不自然了。

今日国人误用此"自然"二字，称西方科学为自然科学，于是遂误会中国科学亦源起于道家。其实道家前之墨家，岂不早已有了极深的科学造诣与运用了吗？今谓中国科学起于道家，即与中国学术思想史便有了大相违背处。流弊所及，便难详言了。

（二）自由

"自由"二字，亦中国人所常用，与"自然"二字相承而来。乃谓一切由他自己，便就是自然如此了。因中国人重自然，故亦重自由。儒家所讲一切大道理，其实都即是天命之性，每一人自然如此的，亦即是由他自己的，所以又说自由自在。由他自己，则他自己存在，故说自由自在了。

近代国人争尚自由，乃百年来事。然百年来之中国社会情景，则日失其自在。不自在，又乌得有自由。此一端，可证近代国人所争尚之自由，乃与中国传统自由自在之自由大异其趣了。此因近代自由乃竞向外面人群中求，而中国传统之自由，则每从人群中退隐一旁，向自己内里求。各自之自由，即各人内在之心性。今人言自由，则指对外之行为与事业言。孔子曰："道之不行，我知之矣。"是对外不自由，孔子亦自知之。又曰："七十而从心所欲不逾矩。"则其对自己内在之一心，固已获得其极端圆满之自由矣。故孔子为中国之至圣先师，逝世已两千五百年，而其当生之存心为人，则至今尚宛然如在。

故中国人言自由主在内，在心性之修养，不贵在外，为权力之争取。今人则一意向外，只要外面有一罅缝可钻，即认为乃一己自由所在，肆其性情，尽力争取，求变求新，无所不用其极。而各人之本来面目，则全已失去，渺不复存。亦不知在此上作计较。如此则仅知有外在之自由，即不再知有内在之人格。人格失去，复何自由可言。

西方人无不向外争自由，而亦终至失去其己身之存在。如希腊、罗马，乃及现代国家，无不皆然。而中国则自由自在，五千年来，依然一中国。故中国俗语，"自由自在"两语连用，涵义深长，实堪玩味。

今纵谓人生可分内外，但内在者总是主，外在者仅是客。失去其内在，则一切外在当无意义价值可言，则又何必尽向外面去争取呢？

中国人又言"自得"。《中庸》言："素富贵行乎富贵，素贫贱行乎贫贱，素患难行乎患难，素夷狄行乎夷狄。君子素位而行，无入而不自得。"把人处境分作贫贱、富贵、患难、夷狄四项，实即上述所谓人生之外面。每一境必有一处置，处置当，即可有得。得之由己，亦得于己，故谓自得。然则人各可自由自得，非他人与环境之可限。

又有"自作""自取"，不是好字眼。"自取其咎""自作自受"，都是要不得事。又如说"自讨没趣"，与"自求多福"大不同。求贵求之己，讨则讨于人。乞之其邻而与之，虽非自取，亦要不得。至如"杀身成仁""舍生取义"，此等"成"，此等"取"，则属自由自在之自得。不在外面，不在别人，此即素患难行乎患难之大节操、大自由。

亦有"自谴自责""自认己失""自悔自改"，此皆其人之能自新处。人能自新其德，则"苟日新，日日新，又日新"，此又是一大自由。自由、自在、自得，不关他人。

今人则外面受形势之引诱，又受权力之制裁，故其自由最多亦仅能在外面权力与法律之制裁下，获取其身外者。而其主要内心方面，则已失去，渺不可得。尚何争取之足云。

（三）人物

"人物"二字，亦成为中国之通俗白话了。但人是人，物是物，为何连称人物，这里又有甚深妙义，可惜今人不加深求。

其实"物"字乃是一模样，可作其他之模范代表。"物"字"模"字，声相近，义亦通。如"勿"字"莫"字，亦声相近义相通。"物"字一旁从"勿"，乃一面旗，旗上画一牛，正如西方人之所谓图腾。图腾即是其一群人之代表。有一人，可与其他人团体中一些人有分别，又可作自己团体中其他人之代表，则可称之为"人物"。如孔子，与一般中国人有不同，而又可作一般中国人之代表，孔子遂成为中国一大人物。

中国人又称"人格"。其实此"格"字，即如"物"字，亦"模样"义。与人相互分别，而又可在相别中作代表，作一模样，那即是其人格了。俗语又称"性格""品格"，与西方法律上之人格义大不同。

中国四书《大学》篇中连用"格物"二字。"物"是一名词，而"格"字则借为一动词用。我们做人该知有一榜样，真认识这一榜样，则其他自迎刃而解。故曰："致知在格物。"又曰："物格而知至。"我们能知孔子是我们中国人一榜样，那岂不知道了做人道理了吗？做一孝子，必该先知一榜样。做一忠臣，亦该先知一榜样。做一圣贤，仍该先知一榜样。孔子之"学而时习之"，这一"习"字，便似格物之"格"字了。孔子十有五而志于学，三十而立，"立"便是完成了"格"的初步。

朱子注《大学》说："物犹事也。"孝、弟、忠、信都属事，都该知有一榜样。即是都有一格。能合格了，便是通了做人的道理。

今人学业成绩，定六十分为及格。明得此"格"字，便可明得人物之"物"字。可见中国道理应从中国之语言文字上悟入。

学业成绩有优等与劣等，有及格与不及格。而今人又盛呼平等。若人尽平等，则与中国俗语人格之义大相违背。故中国人又称"人品"，称"品格"。若人果平等，则何品格可言。

（四）心血

一

中国人"心血"二字连言。论其深义，亦可谓致广大而尽精微，极高明而道中庸。人人所易知，亦人人所难通。

西方人言身体生理，特以脑为全身之主宰，亦主一身与其四围之交通。

中国人言"心"，则超脑而上之。

脑仍是身体中一器官，心则融乎全身，又超乎身外。"心"为身君，乃一抽象名词，而非具体可指。

"血"则贯注全身，而为一身生命之根本。如脑部受伤，不见不闻，无知觉，无记忆，但其人之生命仍可存在。血脉流通一停止，其生命即告死亡。

西方人重主宰，重权力，则脑之地位为高。

中国人重存在，重根本，则血其最要。

又且血只在身内，不涉身外，中国人认为此乃生命之本。脑则仅是生命中一个体，而心则通于全生命而为其主。

兼心血而言，则一本相通，而又无个体之分别，此实中国人生大道理所在。

二

中国人又言"血统"。中国为一氏族社会，氏族即血统所成。

余尝论中国有政统与道统，而道统尤重。

中国五千年文化传统，有政统乱于上而道统犹存于下。

如秦灭六国，非由秦人统一中国，乃由中国人自臻于统一。秦二世而亡，而中国人之统一则仍继续。此乃中国人建立了中国，非由中国来产生出中国人。

故中国而夷狄则夷狄之，夷狄而中国则中国之。若中国人不遵中国人道理，则亦可认为非中国人。

故道统必尤尊于政统。中国人则该是一中国人，此乃道统血统之统一。"心血"两字连用，可显其义。

三

故读中国史，政治统一之治安时代，固当注意，而政治分裂或变乱时代，亦值同样注意，或当更加注意。

如魏晋南北朝，如五代，如辽、金、元及清代，中国可谓已失其常，而中国人则仍为一中国人，依然未变未失，血统道统犹然。中国人之心血，能历五千年而长存。

论及最近七十年之中国历史，则又政治变乱分裂而社会则日益扩展，其在海外者，有台湾人、香港人、新加坡人，其他散入亚洲各地乃及美、欧、非、澳各洲，至少亦得五千万人。

论其血，则同属中国人血统。

论其心，则亦全不忘其同为一中国人。

然而流亡离散，则亦无可讳言。

如求其能团结一致，则非认识做一中国人之共同标准不可，主要在从道统上求，当从历史求之。

四

中国人又言"心胸""心腹"。大陆乃中国人之心腹，历史则当为中国人之心胸。

中国人又言"人心""道心"。道心则有统。所谓道统，亦即中国人之文化传统。非兼中国人之心与血言，则此统不可得。

中国人又言"心情""性情"，又言"血心""血性"，但绝不言"血情"，可证俗语极涵深义。

人之有心，乃始有情。人之有情，乃始得称为人。

血则贯注于全身，仅属肉体中物，与情不同。情可交于身外，故必言心。

今人以"无情""薄情"称为冷血，"多情""深情"称为热血。

其实血不关情，冷血、热血两语，实指心言，亦可谓俗不伤雅。惟单称情感或感情，感必由心，而非仅由血，此亦可知。

五

故为一合格之中国人，理想之中国人，则必有血有情。

而血与情则统于心。心则统于道。如是之谓"通天人、合内外"。

俗又言"血仇""血债"，亦指其深入人心。又言"一针见血"，正贵其见到深处活处。

故必心血兼言，乃见人生之落实，与其深到。头脑则仅是一器官，一机械。

今世则贵电脑与机器人，无情无血，则高出人生，乃为近代人生所想望而莫及矣。世运如此，乃何可言。

（五）味道

中国俗语又常"情味"兼言，有情始有道，又言"味道"。《中庸》云："人莫不饮食，鲜能知味。"饮食亦人生一道。孔子之饭疏食饮水，颜子之一箪食、一瓢饮，其中皆有道，故亦皆有味。常人饮以解渴，食以解饥，不知其中有道，故《中庸》说其不知味。

俗言又称"滋味"。滋有滋润、滋生、滋长、滋养义。人生必有长有养，有余不尽。其功在饮食，即为长养。若专以饮食为求味，此即不知味，不知道。惟孔子颜渊能知饮食之道，斯乃有味有乐可言。其乐深长，又称乐味无穷。

俗语又称"趣味"，或称"兴味"。今人又常称"兴趣"。兴趣皆须有味，始能有余，长存而无穷，耐人回味。今人每求尽兴尽趣，尽则不堪回味，哪又失之。

中国俗语中此一"味"字，真是大堪深味，亦可寻味无穷矣。能知其人其事之有味无味，此真中国人一番大道理，亦可称是一项大哲学。

中国人又称"五味"。咸乃常味，酸与辣多刺激，甜味则多得人爱好，苦味饮膳少用。忠言逆耳利于行，良药苦口利于病。苦劝苦谏，苦口婆心，亦见用心之苦。一片苦心，苦学苦读，苦修苦练，苦下功夫，苦行苦守，苦干苦撑，苦熬苦咽，坚苦卓绝，吃得苦中苦，方为人上人，人生中乃有此一道苦味，苦尽甘来。对人赞美道谢，则连称辛苦。辛苦亦人生大道，此一道，乃为其他民族所不知。

佛法东来，大慈大悲，救苦救难，人海乃如苦海之无边，佛法亦普度而无边，则亦大异于中国人生之有此一苦味之存在矣。

俗语又称"吃苦头"。可见苦自有头，乐则无穷。但又必甘苦兼言，苦乐兼言。执其两端用其中于民。今日国人则惟知求乐，不懂吃苦。只认正面，不认反面。只许进，不许退。只要新，不要旧。只向外，不向内。只说西，不说东。只执一端，不执两端。一切东西就会不成东西，一切味道也就会没有味道，这又何苦呢？

中国人又称"品味"。如品茶品酒，茶酒皆有味，故可品。不入味，则不登品。凡物皆然，故称物品。斯知物亦各有其味矣。人之一身，及其面部，以及其所居之室，皆可加以装饰。则凡所装饰，皆可玩味。就其人日常亲接之物，亦可见其人之品味矣。

中国人又称"体味"。不仅口舌，还须心赏，始得此味。胃肠不消化，则口舌无味，可证物品物味皆从人之品味中来。即观其人所品味，可知其自身本体之品味。

今人乃言批评。批评亦一种分等分品之义。如狱官批判罪人，即依法分判其人之有罪无罪，以及罪之大小。今人言批评，则必批评他人之短处失处。实则其所批评，亦凭其己见。凡其所见，则都在他人之短处失处，斯亦可见其人生之无品而乏味矣。

中国人又连言"情味"，味淡乃见情深。故君子之交淡若水，小人之交甘如醴。今人则惟有浓味乃谓情深。最近有一学校教师，求爱于其一女同事，不得，乃杀之。法官判其罪，谓其情深，仅得徒刑。又有人连杀其亲生之父母，法官谓其有神经病，亦不判死刑。今世之民主政治，仅重法治，人生惟知有法律，宜可谓乃无情味可言。

中国人又称"韵味"。韵者，声之余。中国人贵有余，亦贵余味。但又贵知足，又称够味。足指当下言，余指往后言。如歌唱，既须够味，又得有余味，须能回味无穷，回味不尽，不要不足。此是中国人生理想中一妙境，一佳味。故中国人言尽心尽力，实则心力永远用不尽。今人则求尽欢尽兴，尽了则不欢，没兴了。生之尽，则死亡随之。故人生必求有后，乃得有余而不尽。就其个人生命言，则生而至足，乃为一完人。完人者，乃完其天命之性。天命之性则虽死而不尽。如孔子，乃使后世人追味无穷。亦可谓人莫不有生，苟不知其生之有性，则亦鲜知其味矣。

中国人又称"有鲜味"。北方陆地，人喜食羊。南方多水，人喜食鱼。合此羊字鱼字，成一鲜字。然鱼与羊，人所共嗜，未能餐餐皆备，于是鲜字又引申为鲜少义。但美字养字善字，则皆从羊，不从鱼。此或造字始于北方，此不详论。今日国人则尽慕西化，必以牛肉为最佳食品。然四千年来之语言文字，则不能尽改。而生为中国人，又不能不讲中国话，不能不识中国字。纵觉中国语言文字之乏味，而终亦无奈何。此当亦为今日中国人生中一苦味，又当如何期其苦尽之甘来，则亦无可深言。

又中国人常连言"笑骂"。谚云："笑骂由人笑骂，好官我自为之。"笑本代表喜，骂则代表怒，哭代表哀，歌代表乐。故曰喜怒无端，笑骂无常。今喜字加了女旁，则嬉笑非喜笑，嬉皮笑脸非喜脸。一笑置之非喜意。笑里藏刀又非好笑。使人欲笑不得，而又有苦笑。中国一"苦"字中，有多少人性味存在，则诚欲索解人不得矣。

又按人生面部耳听、目视、鼻嗅、口食，外接声、色、气、味四项。俗称"味道"，惟"味"乃有"道"，其他声、色、气三项，皆不言"道"。疑目视耳听，其与声色相接，显分内外。鼻嗅之气，或可直进胸腔，但气自气，体自体，非各有变。惟口食，则所食皆化而为己有。故惟味，乃可继之曰道。至于气，俗亦称气味，下连一味字，却不如味之可连一道字。但声色则又与气味不同，称声音色彩，更无连用字。则声、色、气三字，岂不明有三别，而皆与味不同，其别亦自可见矣。孟子曰："食色性也。"此色字则又与声色之色有辨。

（六）方法

一

今人好言"方法"。实则中国人言方法，即犹言规矩。孟子说："规矩，方圆之至矣。"非方则不成矩，是亦不足为法矣。惟儒家好言方，《易传·乾卦》言："直方大。"人生在直，若有弯曲，仍须直，如是则成一曲。故两直相遇，乃成一方。方形有四角，乃成四曲四直。故有大方之家，又有一曲之士。其形成方，始可为法。一曲亦可自守，故仍得称为士。

天道圆，地道方。中国儒家好言人道，即人文，近于地道之方。而庄老道家言天道，即自然，近于圆。佛教东来，亦好言圆。但佛家既言圆通，又言方便。方又兼平义，故又称平方，又称方正。故方亦兼平正义。便则本是便僻，乃邪而不正义。人生中乃有许多不便处，如大便小便，均须避开人，去私处。便既须择一私处，亦称方便。因方在偏隅处，而其偏隅则共有四处，故称四方，亦称方便。

人行之道亦可分"正道""偏道"，"偏道"即"便道"。又分"大道""小道"。君子行不由径，径则只是一小道、便道。如留客吃饭，谦言便饭，即非正式宴请。如便衣，亦非正式出客之礼服。托便人带信，此非正式派遣，容有不便处，遂有洪乔之误。更有便宜，中国人贵信义通商，只可获小利，不当牟大利，小利也得称便宜，即见有不便不宜处。故又称贪便宜，也只得贪小便宜，不得贪大便宜。今人则称便利，亦自有不便不利处。总之"便"即含有不正处。

中国人又称"方术"。术只是一条路，但此非大道通路。中国传统学术，共分经、史、子、集四部分，道路各有分别，但综合会通则共成一大道。如医生为一病人开药方，亦必各有分别，非可人人通用。只是对症下药，只某些人可用，故称药方。如是而言，方略方策，这一些策略，亦只寓特殊性，非即普遍大同性。俗又言方针，亦只针对一端一方而言。如称方向，则东西南北共四方，所向只其一方。子贡方人，孔子曰："夫我则不暇。"孔子只言人生大道，那些有关他人的小处，孔子就不去加以批评了。

方指空间言，亦可指时间言。如云"方今""方兴未艾"，方亦只是当前之一时。庄周言："方可方不可，方不可方可。"时间如此，空间亦如此。大方则时时处处皆然，故人人可得以为法。《诗》云"定之方中"，便见有不方中处。方中乃仅指一刻一隅言，过了此刻此隅，便不见有定了。

为人子止于孝，为人父止于慈。子方乃见有孝，父方乃见有慈。所谓止，便兼有变动无止之义。举一隅，贵以三隅反。人道有万方，亦有万法。人生之道于变动中求停止，必知此义。

又如"方言"，亦只仅可通行于一方。而大雅则可通行于四方，即其大全处。故大方乃可贵。

但中国人又称"方外"。位有定，而方外则不可定。要之，方亦只是一具体字，非一抽象字，此义不可不知。

又中国写字称书法，演剧亦称戏法，凡此等"法"，皆涵规矩法则义，故亦称法规法则。是法亦犹规则，又如言法律。在音乐中亦有五声六律，此律亦即音乐中之规矩法则。今西方人言技巧，乃在科学界之机械变动中。而国人乃以方法二字当之，则涵义差失太远矣。

二

方者，集四隅为一方，有空间静定义。法者，水流和平向下，不溃决，不枯竭，永是如此，兼有时间流动义。故中国人称"方法"，乃一标准模范，处处如是，时时如是。乃如水流之平匀稳定，时常流行。故中国人称方法，实是一种道义。今人称方法，乃是一种手段或技巧。果使手段技巧而能进乎道，乃始成为方法。为学做人皆当有方法，但方法异于技巧。技巧乃手段造作，非道义功夫。其间有大不同，不可不辨。

中国古人称"大方之家"，今犹称"方家"。一曲一隅不成方，其曲其隅必可推而通乃成方。今称专家，则专指一隅。纵其极有技巧，倘不能推而广之，通于他家，则又何得成为方。子在川上曰："逝者如斯夫，不舍昼夜。"水流之去，须时时去，不停不变，乃为法。偶一停止不再流，偶一溃决成横流，皆不得成法。

故专尚技巧之方法，必成为变乱世。必尚道义之方法，乃成为治平世。中国广土众民五千年文化大传统，乃有其方法可寻，而非技巧之所得预。史迹具体即可征。

(七) 平安

中国人最重"平安"。宋儒胡安定，读书泰山栖真观，得家书封面有"平安"二字，即不开阅，投书观外涧中。此见平安之可贵。既得平安，又何他求。

今先言"安"字。女性居家室中谓安，非闭户不许出，乃其心地自安。居之而安，俗称"安然"。又称"安贫乐道""安居乐业"。又称"安分守己"，只此一分，便可安可守。故中国人居家对长上，朝夕请安。西方人则道好。"好"与"安"不同，好在外有条件，安在心可无条件。又称"安定""安宁""安康""安详"，只此心得安，便定、便宁、便康、便祥。又称"安之若素"，素即"平"义，今人言平素。《中庸》言："素富贵行乎富贵，素贫贱行乎贫贱，素患难行乎患难，素夷狄行乎夷狄。"素即日常生活，更无其他钩搭牵挂，亦称平居。俗又称平素，不增添，不加夹，故称素。日常如此，亦当安之若素。平素常素亦称平常。能有常，便可安。变则心不安，故须能处变如常。纵使增加了种种花样，亦若平居之素。

素又有空白义，一切绘画皆画在白纸上。饮食不加味料是谓素食。人生亦当居心在平空平白处。今人称平等，"等"谓其相类似。一切相类似，则一空二白，更无差异处。如此始能反己自得，但实际亦仍是平常人、平常事。若定要出类拔萃，定要加进了些什么，与人不相似，那便不是一平常人，实际亦将无所得。故必有所得，始称平常。

要做得一平人，其心先得平。要做得一常人，其心须先有常。

知平知常，便是一切花样都化去了，空白如一张素纸。其心如此，始得安。贫贱、富贵、患难、夷狄，实都无分别，等如无花样，那其心自安。居在家室内，与出在家室外，究竟有什么两样呢？只因此心不安，乃至花样百出。但古今中外，人与人，生与生，论其大体，皆来自天，又究竟有什么两样呢？贵能视人如天，一视同仁，那就平了安了。

中国道家言人生，先要把人心弄得一空二白。儒家言人生，先要把人心弄得平平安安。俗称"平空""平白"，则已会通儒道而一之。中国人又称"平淡""平和"，"和"字易懂，"淡"字难懂。君子坦荡荡，小人长戚戚。戚戚即是不淡不和义。但人又有至亲至戚，哪能处亲戚亦淡然呢？这里又该有深义。当知人性中有孝、弟、忠、信，能淡然出之，则虽惊天地而泣鬼神，此心亦若平安无事。此处则须学。孔子曰："十室之邑，必有忠信如丘者焉，不如丘之好学也。"但孟子则曰："彼人也，我人也，彼能是，我何为不能是，我何畏彼哉。"主要亦在学，此心即平安。又曰："平易近人。""君子居易以俟命，小人行险以徼幸。"则平安非难，贵能安居而已。今人则必以不平之心，创为非常之事，则终其生而不得安，亦固其宜。

中国人又称安步当车，平步登天。如何安步？如何平步？此中皆大有讲究。能知人生之一切皆平，一切可安，自能平步安步。毕生平安，就在此一步上。又曰"治安""治平"。子在川上曰："逝者如斯夫。"能知水流之治，斯亦知人生之得其平安矣。此"治"字则须求之雅言，而俗语未之及。

诗又言："从容中道。"人能见善则从，见恶则容，斯一从一容，则无不中道矣。人之能从容，即象其平安。今人则不肯从而必违，不肯容而必拒，一违一拒，又何平安之可言。

（八）消化

"消化"二字，连成一语，人人能言，老幼皆知。但若分作两字来作解释，则涵义深远，亦可由此以明天人之际，通古今之变矣。

食物进口，投入胃肠，即消散、消耗、消亡，不复有其原形之存在，由是以营养全身，由臭腐化而为神奇，复由神奇化而为臭腐，由大小便中排泄以出。民以食为天，而其消其化，则在人之肠胃。其先为食物，后化为非食物，此非可以明天人之际，通古今之变乎？而即在人人反身而求，当下可得。

然虽人人同有此肠胃，乃人人各不知此肠胃之何以消，何以化。是则消化功能虽在人，仍属天，此之谓"一天人"。内之如当身，外之如不知几何百万年前，自有人类即如此，是谓"合内外"。非一天人而合内外，亦无以明天人之际，与通古今之变。

又有"消息"二字，其义亦同样深远。息者从鼻从心，有生息义，有息养义。即如呼吸，一出一入，一去一来，亦如一种消化，乃为一种消息。然孰知息之必待于消，又孰知消之即成为息。死生存亡，成败得失，吾道则一以贯之矣。

《易传》言："一阴一阳之谓道。"但《易》卦先乾后坤。濂溪《太极图说》亦谓："太极动而生阳，动极而静，静而生阴，一动一静，互为其根。"则言天道必先阳。又曰："主静立人极。"则言人道仍先阴。化与息应属阳，消则属阴。消化、消息，亦皆先阴。义言变化，言休息。《中庸》言："动则变，变则化。"一日三餐即其变，无变又何来有化。休，停止义。然一呼一吸，决不能停止。《大学》言："知止而后能定，定而后能静，静而后能安，安而后能虑，虑而后能得。"则止非真止，静非真静。终始连言，亦先终后始。此犹言消化、消息。

"消"之反面为"积"。荀子最好言积。孟子则言养，曰："我善养吾浩然之气。"养则有化、有息。气亦可言气化、气息，中国儒学传统荀终不如孟。道家庄、老多言消减义，不言增积义。《中庸》《易传》会通儒道，而消损义则决不下于增益义。今人好言积极，不好言消极，斯与吾文化大统必有所背矣。

今人又以阅读报章新闻谓"打听消息"，此语大有意思。如当前美苏裁止核武谈判，岂非举世一大新闻。然必当知其中何些当消，何些当息，何些可消，何些可息。此会议已历有年数，本届已属第三次，以前消息如何，约略推想以下消息。中国人言鉴古知今，全部二十五史，盛衰兴革，亦即中国民族传统文化之大消息。若必排除旧有，乃可开创新设，此种消息，窃恐难求。

消息在听不在看，此亦有深义。中国人重声音过于颜色，色必附着，声则空灵。故中国人言聪明，聪在前，明在后，不言明聪。光色已有不同，声光仍有不同。语言先后，高下自别。故言痴聋，不言痴盲。痴即如聋，聋即如痴。暮鼓晨钟，乃在震其耳。天将以夫子为木铎，铎声亦入耳，胜于阳光仅照眼。故言销声匿迹，声可消，光与色则不言消。

又如言"不听教诲",非不听闻,乃不同意,不赞成,是不听乃在心。与心不在则听而不闻大不同。又如云"听人摆布""言听计从",此听皆在心。又如"百闻不如一见"。闻,指听人言。见,乃亲见之。人言不可信,与所谓耳提面命者又不同。若指耳目之官之功用,必先耳后目,继之以口、鼻、舌,其高下轻重又可知。

中国人以口之一官,放于耳目之后,此意尤大可味。物之入口,仅以养身。声入于耳,乃可以听及他人之心性,以养己之心性,养德养神。故人之口与禽兽无大异,人之耳乃与禽兽大不同。孟子曰:"人之异于禽兽者几希。"果以五官言,则必先耳后目,而后及于口。此亦自然界生命进化一重要消息。

中国人又言"不消如此",此语尤有深义。消化、消息皆重消,但不言可消。当消必消,不消如言不需。可见消乃人生所需。又言"不屑",不屑之教诲其义又重于不消。此皆当明得"消"字义,乃可引申明得"不消""不屑"义。中国人称"不肖子",此"肖"字亦兼涵有"化"字义。父母之于子女本具教化之责,子女于父母则不然。故父顽母嚚,亦不称不肖。

此皆以俗语上推之雅言,而可探听中国传统文化中一些大好消息。今人必鄙弃雅言,提倡俗语,此一消息恐不甚好。偶举八例,略加阐申,触类旁通,以待读者。

(九) 中和

《中庸》言:"天命之谓性,率性之谓道,修道之谓教。喜怒哀乐之未发谓之中,发而皆中节谓之和,致中和,天地位焉,万物育焉。"今按：此章率性修道皆指人事言。事见于外，其蕴藏于内者则为情，即喜、怒、哀、乐、爱、恶、欲之七情是也。未发谓之中，谓其当未发时，不偏不倚，正位居中，故能发而中节。倘先有偏倚，或有宿喜，或有藏怒，则先已失中，其发亦未能有适中之和矣。此"中"字当先自有涵养功夫，故"中和"连言。非专指其藏于内，乃指其藏于内而先自有其中。

（十）事情

一

俗称"事情"，事在心外各不相同，但事在心头不免因事生情。情则可以大略相同。如太阳晨起晚落，此属事。但日起日落，人心对之生情，则对朝阳可与对夕阳同。人情必相异。此人之情亦可与他人同。甚至千百年之前可与千百年之后同。中国诗人之咏朝阳夕阳，大体可证。

故事不同，而情则同。此一同处，中国人俗语称之曰"境"。如言"境遇""境界"。中国人言人生，极重此一境，故又称人生之境界。实则人生渡越此境界。如孔门颜渊，一箪食，一瓢饮，在陋巷，人不堪其忧，回也不改其乐。此见同一境，而处境之心情有不同。近人重西化好言境遇。中国人生则在此境遇中求性情。周濂溪教二程兄弟寻孔颜乐处，即指示人生重要意义重在此境遇中。当知乐处即在心情上，不在境遇上。近代人西化，务在外面境遇上求，不知在自己内部心性上求。此则中西文化大相异处。而吾国人今日已不知其辨矣。

今日世界则正在大变中，西方人向外求，到处碰壁，今始反而知改，转向内部求。如美苏核子谈判，即其一例。又商业、经济亦渐向内部求。如英如法，如其他各国，当前经济亦都同向美钞价值求，但心情内外有变，此即其一例。

二

行事表于外，必有其存于中者。当求表里一体，非可分割以为二。俗称事情，其中亦有甚深涵义。昧者不察，徒见其事，而不审其先自内蕴之情，则事而非事，并有适相违逆者。故《中庸》继此即提出一"诚"字来。诚则已发未发，表里如一。

（十一）知识

余幼年读《水浒传》，而不知读金圣叹批注，往往仅见其事，不知其情。真伪莫辨，是非不明。嗣得小学中一顾老师指点，乃知读金圣叹批注，始恍然大悟。士先器识，而后才艺。俗又连言"知识"，知只是仅知其事，识乃识其内里之情。内外一体，始为真识。徒求于外，则乌从而知其体。

俗又称"相貌"，其实貌则一见便知，相则由相互比较，综合归纳而来，实乃一种识，而非止于知。故俗又称"识相"，但不言知相。俗又言"见识"，不言见知。一见而知，是见了便即知，言了见即不必再言知，言了知亦不必再言见。但见即知，却未必有所识。所谓知人知面不知心，能知到其人之内心深处，乃得谓认识其人。故俗又言"认识",却不言认知,其中皆有深义。俗言识相,亦涵深义。若要再用白话来解释此两字,则诚难之又难矣。

(十二)东西

俗又称万物曰"东西",此承战国诸子阴阳五行家言来。但何以不言南北,而必言东西?因南北仅方位之异,而东西则日出日没,有生命意义寓乎其间。凡物皆有存亡成毁,故言东西,其意更切。

(十三)运气

俗又言"命运""运气"。无论其为命与气,皆有运转不息义,又有周而复始义,故亦言"天运"。今人言运动,则大失其义。此"运动"二字,乃译自西方语,有比较竞争义,而无周而复始义,与中国原有俗语"运"字大不同。

(十四)过失

中国人论人生,最重改过迁善。"过"有空间义。凡富贵,皆当适如其分,故曰"安分守己""过犹不及"。尽求富,尽求贵,所得愈多,或所失乃更多。故俗语连称"过失"。塞翁失马,焉知非福。失不足虑,过乃可虑。

过之时间义,如过去。人之生命,不能过了便算,当好好保留。大人者,不失其赤子之心。倘过了便放弃,那真是一大过失。过去的不能尽让它过去,未来的亦不能尽要它即来。孔子圣之时,随时顺变,务求恰到好处。此亦是一种无过不及之中节处。

俗称"过失""过去"，人生不能无失无去，但可以无过。赤子时期失去了，当长大成人，并成为一大人。但赤子之心则未去未失，当善为保养，故孟子曰："大人者，不失其赤子之心者也。"若并此而失去，则为人生一大过。

求长生，要此生永不过去，此是一过。求涅槃，要此生全不保留，此又是一过。生此世，却一心想要进天堂，此亦是一过。过失过去，失了去了，却有其不失不去处。故贵安贵守，又贵随时而顺变。如是如是，乃为无过。不失不去，才是可安可守处。

叔孙豹言"不朽"，不如孔子言"后生可畏"，乃为真无过。蘧伯玉"欲寡其过而未能"，此七字须好好参寻。

（十五）号令

《论语》："巧言令色鲜矣仁。"此"令"字有俗语讨人喜欢义。凡在上者令其在下者，亦必有使在下者喜欢义，故称令。又如俗语称令尊、令亲、令郎、令爱，令字皆有可亲可尊义。凡在上者令其在下，亦当使在下者对之可亲可尊，故亦称令。

又如屋檐漏水和缓，称"泠"，暴雨急漏则不称泠。又如"零散""零落"，此皆如水滴放松，无严密逼切义。凡政府定一政令，下一法令，称为令，亦必和缓放松，不严密、不逼切。

又如发号施令，"号"亦一好字眼。如人有名有号，必佳称，非恶称。又如帝皇年号，皆佳称。清代历朝年号，如顺治、康熙、雍正、乾隆、嘉庆以下皆然。历史上各朝各代年号亦然。故称号召，又称口号。所谓号令，皆当如此。而岂专制帝王强其下以必从者，亦得称为号令？

（十六）职业

今俗常称"职业"，其实此两字乃中西文化一大分别所在。中国人重"职"，主对外，尽我为人，有职位、职名、职分诸称。西方人重"业"，主对内，尽人为我，有事业、行业诸称。如父慈子孝，乃言职。中国人言五伦，皆言职。若言业，则无此分别。

西方人言自由、平等、独立，乃言各己之业。若言职，亦无此分别。故父母生子女，必当养育教诲之职。岂得自由为之子？又岂得为子者不孝其父母而与居平等之地位？又岂得各自独立，父为父，子为子，不相关联，不相牵涉？

即今工厂一职工，职位既定，即当守分，又乌得自由平等与独立？为商者在群中亦一职，故中国人必言信义通商。今从西方话，只称"商业"，决不称"商职"，可悟此二字之相异矣。故今俗称职业，以中国传统言，则可谓不辞之至。

今再言"进取"与"保守"，中国人重尽职，故主保守。西方人尚商业，故重进取。又岂得谓进取者全是，而保守则全非乎。

又中国人重职，故言"职事"，不得言事职。西方人重业，故言"事业"，不得言业事。其余类此者尚多，偶举一例，恕不备述。

（十七）释包

包，从手为抱，乃向内会合。从足为跑，西湖庐山皆有虎跑泉，乃向外分开。奔跑乃分开脚步，会合运使。如言同胞，言双胞胎，乃指其合于内而分于外。从石为砲①，亦指其内合而外分。咆哮，乃气足于内而外露。从食为饱，仅指足于内。从衣为袍，则指加于外。水泡亦然。从草则含苞待放。庖厨，米麦牲禽所聚，而分别烹煮，兼容并包，容于内而包于外。但如形容容貌，容亦兼外义。

（十八）释兆

兆，从手为挑，从足为跳。兆有跃露迹象义，俗称兆头。春光明媚，惟桃最易透露其迹象。桃之夭夭，则以其艳放而早谢。逃则速离速去。不祧之祖，乃其祖先之永不离于祭祀者。亿兆则祖先已远，仅堪记忆，或不可计数。不如夫妇家庭乡党邻里，亲切而寡少。故称兆民，亦涵远义。

（十九）释淑

窈窕淑女，窕乃幽深封闭，而微露其迹象。叔从宀为寂，从水为淑，非波涛汹涌，而静流细注。女性之美有如此，故称淑女。伯仲叔季，叔当有弟道，数一数二固可，老三老四宜有未当。

（二十）释媛

媛从爱，如温暖，又如柔缓和缓。温柔温和乃女性美德。如援，能助人。从冷酷中得温暖，从紧张中得柔缓和缓。爰字作于是解，亦此义。

---

① 砲，今写作"炮"。——编者注